EDITORA DO CONHECIMENTO

Auxiliando a humanidade a encontrar a Verdade

O Espiritismo na Bíblia

O Espiritismo na Bíblia

Ensaio sobre a psicologia dos antigos hebreus

HENRI STECKI

CONHECIMENTO EDITORIAL LTDA.
Rua Prof. Paulo Chaves, 276 – Vila Teixeira Marques
CEP 13485-150 — Limeira — SP
Fone/Fax: 19 3451-5440
www.edconhecimento.com.br
vendas@edconhecimento.com.br

Projeto gráfico: Sérgio Carvalho
Ilustração da capa: Banco de imagens

ISBN 978-65-5727-026-4
2ª Edição – 2020

• Impresso no Brasil • Presita en Brazilo

Produzido no departamento gráfico da
Conhecimento Editorial Ltda
grafica@edconhecimento.com.br

Dados Internacionais de Catalogação na Publicação (CIP)
Angélica Ilacqua CRB-8/7057

Stecki, Henri
O Espiritismo na Bíblia : ensaio sobre a psicologia dos antigos hebreus / Henri Stecki — tradução de Luiz Gustavo Oliveira dos Santos – Limeira, SP : 2ª ed. – Editora do Conhecimento, 2018.
122 p. (Série Memórias do Espiritismo) (Catálogo Racional)

ISBN 978-65-5727-026-4

Título original: *Le Spiritisme Dans la Biblie*

1. Espiritismo 2. Bíblia 3. Reencanação I. Título II Santos, Luiz Gustavo de Oliveira dos

18-1871 CDD – 133.93

Índices para catálogo sistemático:
1. Espiritismo

Henri Stecki

O ESPIRITISMO NA BÍBLIA

ENSAIO SOBRE A PSICOLOGIA DOS ANTIGOS HEBREUS

Tradução
LUIZ GUSTAVO OLIVEIRA DOS SANTOS

EDITORA DO CONHECIMENTO

LE SPIRITISME DANS LA BIBLE

ESSAI SUR LA PSYCHOLOGIE DES ANCIENS HÉBREUX

PAR

HENRI STECKI

> Veniet tempus, quo posteri nos, tam aperta ignorasse, mirabuntur.
>
> SENECA.

PARIS
LIBRAIRIE INTERNATIONALE
15, BOULEVARD MONTMARTRE
A. LACROIX, VERBOEKHOVEN ET Cᵉ, ÉDITEURS
A BRUXELLES, A LEIPZIG ET A LIVOURNE

1869

O ESPIRITISMO NA BÍBLIA

ENSAIO SOBRE A PSICOLOGIA DOS ANTIGOS HEBREUS

POR

HENRI STECKI

Veniet tempus, quo posteri nos, tam aperta ignorasse, mirabuntur.[1]

SÊNECA

PARIS
LIVRARIA INTERNACIONAL
15, AVENIDA MONTMARTRE
A. LACROIX, VERBOEKHOVEN E Cia., EDITORES
EM BRUXELAS, EM LEIPZIG E EM LIVOURNE

1869

[1] "Tempo virá em que nossos pósteros se admirarão de que tenhamos ignorado coisas tão manifestas." (Nota do tradutor.)

Sumário

Sobre a *Série Catálogo Racional*

> Fora das obras fundamentais da Doutrina Espírita, existe um grande número de livros, tanto antigos quanto modernos, úteis ao complemento desses estudos, e que são ignorados, ou sobre os quais faltam informações necessárias para obtê-los. É visando preencher esta lacuna que a *Livraria Espírita* foi fundada. (Allan Kardec, *Revista Espírita*, abril de 1869.)

Nesse parágrafo, é anunciada a motivação da fundação da *Livraria Espírita* em 1869, que seria criada a partir do *Catálogo Racional* de obras selecionadas por Allan Kardec; o *Catálogo* passaria a acompanhar os números da *Revista* enviados, desde então, aos assinantes e interessados. A **EDITORA DO CONHECIMENTO**, tendo em vista realizar o objetivo de Allan Kardec de tornar públicos esses livros "úteis ao complemento dos estudos" espíritas, lança, neste ano, a *Série Catálogo Racional*, que reunirá, pouco a pouco – a partir de esforço de pesquisa e tradução aberto à colaboração –, as obras listadas em 1869 (as quais são, em grande parte, infelizmente ignoradas ou difíceis de ser acessadas ainda em nossos dias).

A importância dessas obras recomendadas pelo eminente Codificador pouco antes de seu desencarne está ligada à *formação de espíritas esclarecidos*, como se observa a partir da seleção bibliográfica do seu *Catálogo Racional*. Kardec aí não inseriu somente obras de cunho espírita; algumas apenas tocam em assuntos comuns ao Espiritismo, outras, inclusive, são frontalmente contrárias à doutrina. Com isso, ele desejava promover a "fé raciocinada", uma marca indelével do Espiritismo, em todos os indivíduos que lhe aderissem, ou que apenas se interessassem pela maneira espírita de pensar.

Assim, ele indicou, nesse *Catálogo*, algumas obras *científicas*, a fim de munir os leitores de um *grande cabedal de fatos* de ordem espiritual, bem documentados e explicados por distintas correntes científicas. Também incluiu profundas obras *filosóficas*, visando apresentar diversas e firmes argumentações, pró e contra as visões doutrinárias, e familiarizar os leitores na *prática da dialética*, do *entendimento racional dos princípios*, permitindo, assim, a *assimilação das razões* da doutrina. Acrescentou, ademais, obras *teológicas*, ou de *comentário religioso* (da Bíblia ou de outras tradições sagradas), trazendo *interpretações variadas das revelações*, à luz do Espiritismo, bem como seus importantes contrapontos. (Também conta com obras artísticas, romances, etc.) Após essas leituras recomendadas, o espírita terá exercitado a *apropriação do saber* doutrinário; *estará capacitado a trafegar racionalmente entre os diversos pontos de vista*, analisando profundamente as razões de cada um, já bem absorvidos e sedimentados, para, enfim, construir *em si* o edifício teórico e moral que pautará seus pensamentos, sentimentos e realizações no decorrer da estada terrestre. Kardec fez esse esforço final de *complementação* da doutrina para que, ao menos aqueles que se denominem espíritas, não lancem mão de uma fé cega, sem exame e dependente de "autoridades", mas que *todos sintam pessoalmente a autonomia da crença, a força dos argumentos e a solidez dos fatos*, proporcionados pela *fé raciocinada, a única inabalável* e capaz de firmar nossos passos na jornada do aperfeiçoamento.

Contamos com a simpática acolhida dos leitores espíritas para esta iniciativa da **EDITORA DO CONHECIMENTO**, com o lançamento da *Série Catálogo Racional*, em prol do resgate documental de várias obras, chamadas por Allan Kardec, aliás, de "*complementares da doutrina*"; um verdadeiro tesouro doutrinário.

Qualquer colaboração com este projeto (tradução de outras obras, ou comentários sobre traduções realizadas) será bem vinda. Todas as obras do *Catálogo Racional* de Allan Kardec, certamente, merecem vir à luz e ser meditadas pelos interessados no Espiritismo ou na ciência e filosofia espiritualistas.

Luiz Gustavo Oliveira dos Santos
Brasília-DF, 18 de setembro de 2018.

Sobre o autor

Henryk Olechnowicz Stecki, conhecido em francês como Henri Stecki, nasceu no ano de 1823, em Jitomir, cidade polonesa anexada décadas antes ao Império Russo e disputada pelos rebeldes. Órfão de mãe aos quatro anos de idade, seu pai se casou novamente e foi deportado durante a Revolta de Novembro; assim, Henri foi criado pelos avós, Józef e Teckla Stecki. Em 1832, seu avô faleceu; então, ele passou a infância com outros familiares e sob a instrução de tutores. Em 1837, a propriedade de seu avô foi confiscada pelo governo russo. Junto a esses dissabores, enfrentou episódios de humilhação por parte de membros da nobreza, que lhe tinham desprezo por "ter o pai na emigração e a propriedade confiscada". Em 1846, casou-se com Jadwiga de Ilinskis, vivendo numa casa em Rasniki; após um ano, doou essa propriedade e alugou outra em Jitomir. Aí, recusou uma proposta de concorrer à eleição distrital, não querendo ser, como alegou, um "executor cego de ordens do governador de Kiev". Sua esposa o nomeou para dirigir trabalhos em um teatro amador de Jitomir, onde se apresentava esporadicamente.

Em 1850, Henri se mudou com a família para Varsóvia, alugando um aposento na casa do tio materno, general W. Krasinski. O casal participava da vida social da cidade, estabelecendo amistosas relações. Teve contato com diversas autoridades e viajou pela Europa, participando, em Roma, de uma audiência com o Papa Pio IX. Em 1852, indo à Cracóvia, ele reviu seu pai pela primeira vez após 20 anos; em 1857, conseguiu anistia para este, levando-o para Varsóvia. Construiu uma casa, onde colocou a biblioteca que recebera como legado de sua avó. Nessa época, H. Stecki se tornou um grande numismata, dono de uma das maiores coleções de moedas e medalhões poloneses, vindo a pertencer ao Círculo Numismático e Arqueológico de Varsóvia. De seus interesses históricos e arqueológicos, resultaram os folhetos *A moeda de Monet sob o selo de Wladyslaw, do príncipe de Opole, da coleção de Henryk Stecki* (1860) e *Linhagens de príncipes e reis poloneses e grão-duques lituanos* (1861).

A partir de outubro de 1859, ele esteve principalmente em São Petersburgo, processando o governo russo pela restituição da propriedade de seu avô. A boa relação de seu genro com a corte russa o ajudou a ter as terras devolvidas pelo czar Alexandre II, já ocupadas por camponeses. Nesse meio tempo, seu pai falecera. Ainda naquela cidade, Henri teve contato com o marquês Alexander Wielopolski sobre a questão política polonesa, o que lhe causou forte impressão.

No ano de 1862, ele partiu para São Petersburgo e passou ali o período da Revolta de Janeiro, que considerou uma "revolução infeliz". A esposa vendeu a casa em Varsóvia e se mudou para Wachwitz, perto de Dresden, enquanto o filho foi estudar numa escola secundária em Poznan e a filha, no convento do Sagrado Coração.

Nos diários que escreveria anos mais tarde, ele menciona os anos que se seguiram a 1863 como de "ininterrupta tristeza, dor, sofrimento e humilhação" e, portanto, sendo preferível para ele "ficar em silêncio". Talvez sejam esses sofrimentos aos quais ele faça referência no prefácio desta obra, que o atingiram de maneira pungente. Foi então que, em momento oportuno, tomou contato com o Espiritismo, o que, segundo ele, ajudou-o muito a superar as provas por que passava. Ele abraçou a doutrina e logo desejou participar de sua divulgação.

Certamente, na década de 1860, Henri já fazia profundos estudos bíblicos associados ao Espiritismo, vindo a publicar, então, em 1868-69, este volume, *O Espiritismo na Bíblia*, muito elogiado e recomendado pelo Codificador. Colaborou também, em 1869-70, com um periódico espiritualista de Varsóvia (*Swiatlo Zagrobowe*, "*Luz do Túmulo*"), aí produzindo artigos sobre a mediunidade entre os hebreus. Após a morte de Allan Kardec (em 1869), Stecki escreveria durante muito tempo para a *Revista Espírita*.

Além do Espiritismo e da Bíblia, da Arqueologia e da História, seus interesses se estendiam sobre as ciências naturais. Em 1874, Henri Stecki enviou uma carta ao biólogo Charles Darwin,[1] contendo algumas observações suas sobre a fisiologia das emoções. Embora Darwin não o conhecesse, soube em seguida que se tratava de alguém do "alto escalão da aristocracia polonesa". Stecki se apresentou na epístola como "um leitor muito conscienciosos de suas obras eruditas, das quais, é supérfluo acrescentar, sou grande admirador". O famoso biólogo citou e comentou essa carta em seu livro *A Expressão da Emoção nos Homens e nos Animais* (edição de 1890).

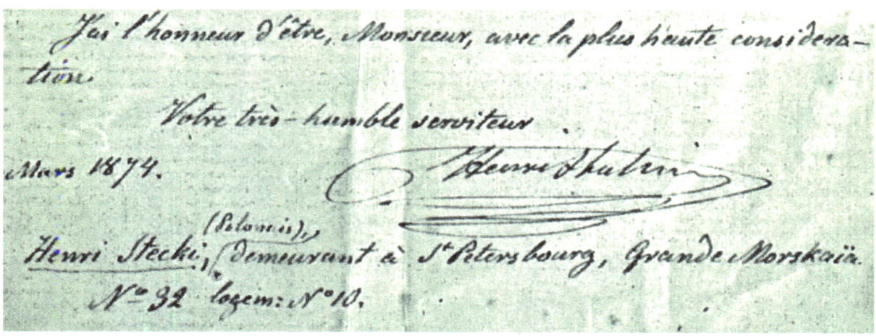
J'ai l'honneur d'être, Monsieur, avec la plus haute considération.
Votre très-humble serviteur
Mars 1874. Henri Stecki
Henri Stecki (Polonais), demeurant à St Pétersbourg, Grande Morskaïa N° 32 logem: N° 10.

Final da carta, enviada a Charles Darwin por "Henri Stecki (Polonês) morando em S. Petersburgo", com sua assinatura, em 1874.

Após reveses familiares e financeiros, ocorridos de 1873 a 1875, Henri leiloou suas coleções numismáticas, em Frankfurt. Enquanto isso, sua contribuição para o Espiritismo era bastante intensa. Participou de importantes conferências espíritas. Também atuou intensamente como colaborador direto, articulista e correspondente da *Revista Espírita*, principalmente na década de 1880. Como exemplo, na *Revista* de 1881, havia três artigos seus sobre a clarividência; fez também, em 1883, a reportagem das condições da Rússia em relação à doutrina espírita, desde a época em que Apollon Boltin escrevia

[1] A correspondência digitalizada está disponível no *site* da Biblioteca Digital da Universidade de Cambridge (ver bibliografia).

Os Dogmas da Igreja do Cristo (1866)[2] até seu tempo, explicando as dificuldades impostas pela censura às publicações do gênero.

Em 1891, ele preparou a impressão de *Memórias de Minha Juventude*, publicado em 1895, ano em que faleceu.

Enfim, Stecki foi um grande estudioso e profícuo escritor, tendo trabalhado com entusiasmo pela causa espírita. A obra que ora apresentamos foi muito exaltada e recomendada por Allan Kardec (*Revista Espírita* de 1868 e *Catálogo Racional*), por quem o autor tinha profunda admiração e gratidão moral. Sem dúvida, ele produziu uma obra pioneira de comentário bíblico, merecendo toda a atenção dos estudiosos da Escritura e do Espiritismo, a ponto de ser tratada como "complementar" da doutrina pelo Codificador. Falaremos mais dela no tópico seguinte.

Luiz Gustavo Oliveira dos Santos
Brasília-DF, 24 de setembro de 2018.

Referências bibliográficas:

DESLIENS, A. *Revista Espírita:* Jornal de estudos psicológicos. Outubro de 1869. Trad. Evandro Noleto Bezerra. Rio de Janeiro: FEB, 2008.

ENGELS, Eve-Marie; GLICK, Thomas F. *A Recepção de Charles Darwin na Europa*. Vol. I. Norfolk-GRB: Continuum, 2008.

JOLY, H (Org.). *Revista Espírita:* Jornal de estudos psicológicos. Ano de 1883. Disponível em: <http://www.autoresespiritasclassicos.com/Allan%20Kardec/Am%C3%A9lie%20Boudet/Allan%20Kardec%20%20La%20Revue%20Spirite%20Janvier%201883.pdf>. Acesso em 12 abr. 2018.

KARDEC, Allan. *Revista Espírita:* Jornal de estudos psicológicos. Novembro de 1869. Trad. Evandro Noleto Bezerra. Rio de Janeiro: FEB, 2008.

ORMAN-MICHTA, Elzbieta; USTRZYCKI, Miroslaw. "Stecki (Stecki Olechnowicz) Henryk". In *Dicionário Biográfico Polonês - iPSB*. Disponível em: <http://www.ipsb.nina.gov.pl/a/biografia/henryk-stecki>. Acesso em: 21 set. 2018.

[2] Outra obra recomendada por Allan Kardec, na *Revista Espírita* e no *Catálogo Racional*, publicada pela **Editora do Conhecimento**.

UNIVERSIDADE de Cambridge. "Henri Stecki to Charles Robert Darwin". In *Cambridge Digital Library*. Disponível em: <http://cudl.lib.cam.ac.uk/view/MS-DAR-00053-00001/17>. Acesso em: 22 set. 2018.

WASYLEWSKI, Stanislaw. "Sra. Gromadzinska: Profetisa Polonesa do Espiritismo (2)". In *Racjonalista*. Disponível em: <http://www.racjonalista.pl/kk.php/s,3881/k,2>. Publicado em: 25 jan. 2005. Acesso em: 21 set. 2018.

Apresentação da edição brasileira

Na presente edição, houve, como é de nossa praxe, a preocupação em fazer uma tradução fiel, literal, à obra original, sem nos atermos a impor aspectos estilísticos ou literários, que, de resto, não parece ser intenção do autor. Mantivemos as citações bíblicas utilizadas por H. Stecki em conformidade com a versão por ele consultada, limitando-nos a traduzi-las, sem substituí-las por versões portuguesas conhecidas do texto bíblico.

Acrescentamos as figuras; entre elas, as gravuras que Abraham Girardet fez para a edição da Bíblia de Ostervald,[1] francesa, de 1779, incluindo as legendas explicativas para as mesmas; nem as gravuras nem as legendas, entretanto, constam na obra original, mas as inserimos por considerá-las itens de valor artístico e cultural que enriquecem este volume, estando presentes na Bíblia consultada pelo autor.

Como se verá, nem todas as ideias expressas pelo autor são esposadas pela doutrina espírita (não tendo sido, até o momento, sancionadas pela concordância universal do ensino dos Espíritos), embora também não devam ser *a priori* rechaçadas, pois, decerto, todas servem para estimular a reflexão sobre o sentido espiritual de várias passagens da Escritura e para demonstrar a necessidade de uma teologia espírita cada vez mais desenvolvida que permita chegar a consenso

[1] Versão digitalizada de domínio público disponível em: <http://www.e-rara.ch/nep_r/content/structure/800412>. Acesso: 04 nov. 2015.

no pensamento doutrinário acerca de assuntos bíblicos. O entendimento espírita da Bíblia é progressivo, sendo ao mesmo tempo sentimental, filosófico e científico.

O valor histórico e doutrinário desta obra de H. Stecki fica atestado, de início, pela menção elogiosa que faz dela Allan Kardec na ***Revista Espírita*** de 1868 (que houvemos por bem publicar em seguida a este comentário), a qual se justifica pelo mérito que tem a própria obra, pelo compromisso do autor com a doutrina que abraçou, por sua preocupação com a pesquisa escriturística, pela forte intenção de estimular o estudo bíblico espírita e, sobretudo, por demonstrar as possibilidades que possui o Espiritismo de explicar a maioria dos fenômenos ditos miraculosos da Bíblia. Não houve, por parte do autor, pretensão de esgotar todos os versículos sobre determinados assuntos; aliás, sabe-se de várias obras que, hoje, citam muito mais trechos da Bíblia que demonstram estar presentes nela a reencarnação, a mediunidade, etc. Poderiam figurar, entre os citados pelo autor, outros exemplos, como:

— de ***mediunidade***, a nítida descrição da visão de um Espírito por Elifaz, do qual ele teve a experiência:

> Para mim, uma palavra me foi dita em segredo, meu ouvido dela escutou um pouco. Entre os pensamentos diversos trazidos pelas visões da noite, quando um profundo sono cai sobre os homens, um espanto me tomou e um tremor penetrou em todos os meus ossos. ***Um espírito, que passou diante de mim, fez arrepiar meus cabelos. Ele se pôs diante de mim, mas não conheci seu rosto; uma figura de homem estava diante de meus olhos, e eu ouvi uma voz fraca***, que dizia: "O homem será mais justo que Deus? O homem será mais puro que aquele que o criou?..." (Jó, IV, *v*. de 12 a 17. Bíblia de Ostervald.);

Ou, nesta passagem, em que Jesus conversa com Moisés e Elias (que o antecederam em vários séculos), em presença dos apóstolos:

> Seis dias depois, Jesus tomou consigo Pedro, Tiago e João seu irmão, e os levou à parte, sobre uma alta montanha. Lá ele foi transfigurado em presença de-

> les; seu rosto se tornou resplandecente como o sol, e as vestes se tornaram brilhantes como a luz. Ao mesmo tempo, *eles viram aparecer Moisés e Elias, que conversavam com ele*. Quando Pedro, tomando a palavra, disse a Jesus: "Senhor, é bom ficarmos aqui; se queres, erguemos aqui três tendas, uma para ti, uma para Moisés e uma para Elias". Como ele falava ainda, *uma nuvem luminosa os cobriu e saiu dessa nuvem uma voz* que disse: "Está aqui meu Filho bem-amado, em quem pus toda minha a afeição; escutai-o". O que os discípulos tendo ouvido, caíram com o rosto em terra, e foram tomados de enorme temor. Mas Jesus, aproximando-se, tocou-os e lhes disse: "Levantai-vos e não tenhais medo". Então, levantando os olhos, *não viram mais que Jesus só*. Como eles desciam da montanha, Jesus os proibiu de contar a alguém a *visão*, até que o Filho do homem fosse ressuscitado dos mortos. (S. Mateus, XVII, *v*. de 1 a 9. Bíblia de Ostervald.)

Não deixaremos de mencionar ainda esta bela demonstração mediúnica ocorrida com Daniel à beira de um rio, quando vê três espíritos (Miguel e outros dois), dialogando entre si e também com ele:

> No vigésimo quarto dia do primeiro mês, eu estava sobre a borda do grande rio que é Hidequel. E tendo levantado os olhos, *vi um homem vestido de linho, cujos rins estavam cingidos com uma cinta de fino ouro de Ufaz. Seu corpo era como de crisólito, seu rosto brilhava como o relâmpago, seus olhos eram como chamas ardentes, seus braços e pés pareciam como o bronze polido, e o som de sua voz era como o ruído de uma multidão de homens. Eu, Daniel, vi sozinho a visão, e aqueles que estavam comigo não a viram*; mas foram tomados de espanto, e fugiram para se esconder. Tendo ficado sozinho, eu tive esta *grande visão*: minha força me abandonou, meu rosto foi mudado até ser todo desfeito, e não conservei nenhuma força. Porque *eu ouvi o som* de suas palavras; e desde que a ouvi, caí adormecido sobre meu rosto, e meu rosto ficou contra a terra. Então *uma mão me tocou*, e me fez

levantar sobre meus joelhos e sobre as palmas de minhas mãos. (...) Então eu, Daniel, olhei; e *eis dois outros que estavam de pé*, um deste lado sobre a borda do rio, e o outro do outro lado sobre a borda do mesmo rio. Disse-se ao homem vestido de linho, que *estava sobre as águas* do rio: "Quando se verá o fim dessas maravilhas?" E eu ouvi o homem vestido de linho, *que estava sobre as águas* do rio, o qual, elevando sua direita e sua esquerda para os céus, jurou, por aquele que vive eternamente, que será até um tempo, tempos, e uma metade de tempo; e, quando tiver acabado de dispersar a força do povo santo, todas aquelas coisas serão cumpridas. (Daniel, X, *v*. 4-10,12:5-7.)

— Exemplos de reencarnação, principalmente observando o sentido de certas palavras hebraicas e gregas. No hebraico, *Sheol* significa o "mundo dos mortos", ou "além" (e não "sepulcro", como comumente se traduz, inclusive na versão de Ostervald).

Eterno, tem piedade de mim; olha a aflição em que me mergulharam aqueles que me odeiam; *retira-me das portas da morte*; a fim de que eu narre todos os louvores às portas da filha de Sião. Eu me regozijaria por causa da libertação que me terás concedido. (...) O Eterno se fez conhecer; *ele tem exercido seu julgamento*; *o maldoso se tem enla-*

çado nas obras de suas mãos. (...) *Os maldosos retornarão ao sepulcro* [hebr.: *sheol*, "além"], assim como *todas as nações* que esquecem Deus. Porque o pobre não será esquecido para sempre, e a espera dos aflitos não perecerá à perpetuidade. (Salmos, IX, *v.* 14-15,17-19. Bíblia de Ostervald.)

Iahvéh, tiraste a minha alma do *sheol*, fizeste-me reviver dentre os que descem à cova. (Salmos, XXX, *v.* 4; tradução do hebraico por Severino C. da Silva, em *Analisando as Traduções Bíblicas*, cap. 14.)

Quem morre vai para o *sheol*, ou o "além" (para os espíritas, a "erraticidade"). Mas Davi afirma que ele mesmo foi *tirado* do *sheol* (ou melhor, *sua alma*) e que agora *revive*. Afirma-se, também, que os ímpios e os povos das nações *retornarão* para o *sheol*. (Salmos, IX, *v.* 18.) Ora, se *retornarão* é porque *antes estiveram lá!* Assim, vai-se e volta-se, de cá para lá: evidência clara da reencarnação. No mesmo sentido, Jó ora em meio aos seus sofrimentos:

E ele [Jó] disse: *saí nu do ventre de minha mãe, e para lá retornarei nu*; o Eterno o deu, o Eterno o tirou; que o nome do Eterno seja bendito! (Jó, I, *v.* 21. Bíblia de Ostervald.)

Jó retornará nu para onde? Ele afirma que *retornará para o ventre de sua mãe, de onde havia saído*: mais uma vez a crença na reencarnação. No idioma grego, a reencarnação é expressa pela palavra *palingenesia* ("sucessivo nascimento").[2] Eis um texto de São Paulo.

Mas quando apareceu a vontade de Deus, nosso salvador; e seu amor para com os homens, não por obras de justiça que tivéssemos feito, mas segundo sua misericórdia, nos salvou pelo lavatório da reencarnação [gr.: *palingenesia*], e pelo renascimento de um espírito santo. (Epístola a Tito, III, *v.* 4 e 5; tradução do grego por Severino C. da Silva, em *Analisando as Traduções Bíblicas*, cap. 17.).

E há dezenas de outros exemplos que poderiam ser men-

[2] Conforme Carlos J. Torres Pastorino (*Sabedoria do Evangelho*, 3° vol.), *palingenesia* é, em grego, o "termo especializado" para a "reencarnação".

cionados. Assim, mesmo não sendo exaustiva nas citações, dada sua extensão, esta obra de Henri Stecki foi um dos trabalhos pioneiros com tal intento e nisso também está seu mérito.

A doutrina espírita sempre estimou a veracidade da Bíblia, porém, da maneira como foi escrita pelos antigos. Hoje, lamentamos algumas traduções fortemente direcionadas a certos credos e os usos indevidos que algumas religiões fazem de suas palavras (há algumas versões que chegam a introduzir os termos "espiritismo" e "médium" em falas condenatórias de algumas personagens bíblicas, mostrando, com isso, má-fé). Por isso, a doutrina espírita se dirige, sempre que preciso, aos *textos hebraico e grego*, a fim de verificar o que de fato está dito, considerando ainda os *contextos culturais e históricos* das passagens em estudo. Tanto a Bíblia é apreciada pelo Espiritismo, que Allan Kardec se esforçou por compor um dos mais prestimosos e profundos trabalhos de "comentário bíblico" do Novo Testamento à luz dos ensinos dos Espíritos (*O Evangelho Segundo o Espiritismo*). Além disso, em alguns números da *Revista Espírita*, o educador submeteu *teorias teológicas de assuntos bíblicos* ao exame dos Espíritos superiores e à sua concordância universal. Importantes obras mediúnicas posteriores igualmente deixaram clara essa importância; o Antigo Testamento é considerado, pelo Espírito Emmanuel, "um repositório de conhecimentos secretos, dos iniciados do povo judeu" (*A Caminho da Luz*, cap. 7). Esse Espírito fez também, pela psicografia de F. C. Xavier, uma importante *coleção de livros que comentam o Novo Testamento* (coleção "Fonte Viva"). O mesmo Emmanuel arrematou ao dizer que "o Velho Testamento, apesar de suas expressões altamente simbólicas, poucas vezes acessíveis ao raciocínio comum, *deve ser considerado como a pedra angular, ou como a fonte-máter da revelação divina*" (*O Consolador*, q. 267, destaque nosso). No seu *Catálogo Racional*, entre as "*obras complementares da doutrina*", Kardec incluiu preciosos monumentos de comentário bíblico espírita (sobre o Antigo e o Novo Testamento), dos quais destacamos, além deste volume de Stecki, também *Os Dogmas da Igreja do Cristo*, do espírita russo pioneiro, general Apollon Boltin (ou, afrancesado, De

Boltinn). Léon Denis também escreveu seu profundo *Cristianismo e Espiritismo*, explicando, à luz da doutrina, os mais diversos assuntos bíblicos e da tradição cristã. Tais pareceres e detidos estudos sobre ambos os Testamentos perfazem o testemunho do inestimável valor que o Espiritismo sempre atribuiu à Bíblia.

Desejamos proveitosa leitura aos interessados no entendimento espírita da Escritura e esperamos motivar novos pesquisadores espíritas da Bíblia, não presos às trôpegas (e, em alguns casos, mal intencionadas) traduções que temos em Língua Portuguesa, mas, sim, buscando base nos próprios textos hebraicos e gregos que a compõem (ou em traduções sérias, fiéis), onde se possa vislumbrar o sentido pretendido por seus antigos escritores.

Afinal, os espíritas podem e devem se apropriar da Escritura, a exemplo do que fazem muitos religiosos, como um livro também para si; ela também é dos espíritas. A Bíblia não é uma obra católica, judaica ou protestante; é uma obra para todos e se dirige a todos os que nela haurem sua fé sincera.

O tradutor: Luiz Gustavo Oliveira dos Santos.
Brasília-DF, 24 de setembro de 2016.
e-mail: teociencia@gmail.com

Comentários de Allan Kardec sobre o livro

Revista Espírita
Novembro de 1868, seção "Bibliografia", p. 350.

O Espiritismo na Bíblia

ENSAIO SOBRE A PSICOLOGIA DOS ANTIGOS HEBREUS,
POR HENRI STECKI.

Sabe-se que a Bíblia contém uma multidão de passagens que têm relação com os princípios do Espiritismo; mas como encontrá-las nesse labirinto? Seria preciso fazer desse livro uma leitura atenta, o que poucas pessoas têm o tempo e a paciência de fazer. Para algumas mesmo, sobretudo em razão da linguagem muito frequentemente figurada, a ideia espírita não aparece de maneira clara senão depois de reflexão.

O autor deste livro fez da Bíblia um estudo aprofundado, e só o conhecimento que tem do Espiritismo lhe deu a chave de coisas que lhe pareciam antes inexplicáveis ou ininteligíveis. Foi assim que ele pôde se informar com certeza sobre as ideias psicológicas dos antigos hebreus, ponto sobre o qual os comentadores não estavam de acordo. Devemos, então, ser-lhe gratos por ter trazido essas passagens à luz, num resumo sucinto, e por ter assim poupado o leitor de pesquisas longas e fastidiosas. Às citações, ele acrescenta comentários necessários à inteligência do texto, e que revelam nele o espírita esclarecido, mas não fanático por suas ideias e que vê o Espiritismo por toda parte.

O nome do autor indica que não é francês; ele diz em seu prefácio que é polonês, e explica em quais circunstâncias foi levado ao Espiritismo e os socorros morais que hauriu nessa doutrina. Embora estrangeiro, ele escreve o francês, como de resto a maior parte dos povos do norte, principalmente os poloneses e os russos, com perfeita pureza; seu livro é escrito com clareza, o que é um grande mérito em matérias filosóficas, porque nada é menos próprio à vulgarização das ideias que um autor quer propagar, do que esses livros cuja leitura fatiga a ponto de dar dor de cabeça e cujas proposições são uma série de enigmas indecifráveis para o comum dos leitores.

Em resumo, Sr. Stecki fez um livro útil, pelo qual todos os espíritas lhe serão gratos.

Agradecemos pessoalmente pela graciosa epístola dedicatória que ele houve por bem colocar no frontispício de sua obra.

Allan Kardec

Catálogo Racional de obras que podem servir para fundar uma biblioteca espírita

II. – Obras diversas sobre o Espiritismo ou complementares da doutrina

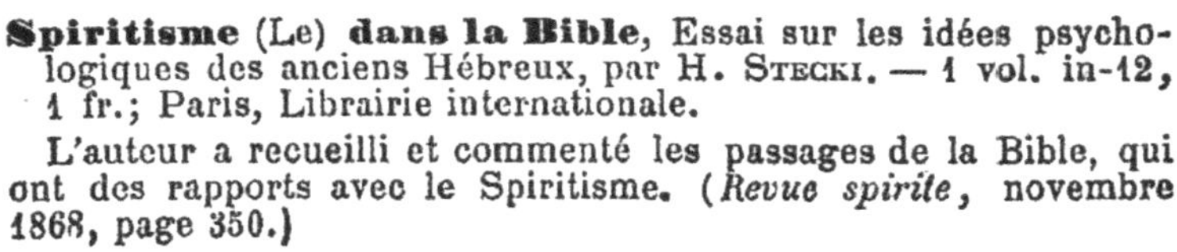

Spiritisme (Le) **dans la Bible**, Essai sur les idées psychologiques des anciens Hébreux, par H. Stecki. — 1 vol. in-12, 1 fr.; Paris, Librairie internationale.

L'auteur a recueilli et commenté les passages de la Bible, qui ont des rapports avec le Spiritisme. (*Revue spirite*, novembre 1868, page 350.)

Espiritismo (O) **na Bíblia**, Ensaio sobre as ideias psicológicas dos antigos hebreus, por H. Stecki. – 1 vol. in-2, 1 fr.; Paris, Livraria Internacional.

O autor recolheu e comentou as passagens da Bíblia, que têm relações com o Espiritismo. (*Revista Espírita*, novembro de 1868, página 350.)

Ao senhor Allan Kardec

Entregando ao público este primeiro ensaio de um espírita sincero, trabalho bem incompleto e sem grande mérito, ouso te pedir, senhor e caro mestre, dignar-te aceitá-lo como uma prova de devotamento à doutrina que faz minha felicidade, e de respeito por seu digno e infatigável propagador.

Teu discípulo reconhecido,

Henri Stecki.

Prólogo

Desde que as mesas girantes, que divertiam pequenos círculos de família, fizeram refletir alguns homens sérios, sobretudo desde que elas deram nascimento a toda uma ciência, o Espiritismo tem feito passos de gigante nas cinco partes de nosso mundo. Esse progresso rápido, ele o tem feito por suas próprias forças, não somente sem nenhum sustento estranho, mas, ao contrário, a despeito dos antagonismos encarniçados que encontrou na imprensa de todos os países, no clero de todas as religiões, que o perseguiram com perseverança e não cessam de persegui-lo ainda. A arma mais afiada, o ridículo, não lhe foi mesmo poupada. Nada, entretanto, pôde deter sua marcha e seu desenvolvimento.

Muitos sistemas filosóficos, psicológicos, sociais, etc., todos tendo mais ou menos por base as palavras do Evangelho e os ensinamentos dos Pais da Igreja, precederam o Espiritismo na segunda metade do último século e na primeira do nosso.[1] Todos esses sistemas, mesmo aqueles que, momentaneamente, produziram algum entusiasmo sobre certos espíritos, não tiveram senão uma existência efêmera. Caíram por si mesmos; hoje não se pensam mais neles, e a nova geração nem mesmo os conhecerá.

De onde o Espiritismo haure, então, essa força vital, essa energia de ação que lhe permite franquear todos os obstáculos que seus inimigos estendem sobre seu caminho há mais

[1] Século XIX. (Nota do tradutor. A partir de agora: N. T.)

de quinze anos?[2]

É que ele proclama verdades que emanam de leis divinas, imutáveis, eternas. É que ele consola os que sofrem, dá a fé aos que duvidam, faz refletir os que são felizes e lhes ensina a bem empregar e a conservar sua felicidade. É, enfim, que ele nos mostra Deus tão grande em suas obras, em seu amor, em sua misericórdia e em sua justiça, que o homem é forçado a cair a face contra a terra para adorar aquele que o criou.

Um grande pensador moderno, Pecqueur, disse em uma de suas obras: "O sinal de que compreendemos dignamente a grandeza e a majestade de Deus é, pois, precisamente, que a ideia que temos dele nos parece acabrunhante".

Um outro disse em alguma parte: "Compreendemos verdadeiramente Deus, quando não o compreendemos".

Antes do Espiritismo, nenhuma doutrina filosófica, nem mesmo, ousemos dizê-lo, nem mesmo o cristianismo dogmático, tal como nos é ensinado, produziu resultado moral sobre a humanidade, com uma rapidez comparável à de que este último pode se regozijar há dez anos.

Não acreditamos proferir uma blasfêmia contra a sublime doutrina do Cristo, nem contra o próprio divino Mestre, em proclamando esta opinião. Uma obra como a do Cristo não é a obra de um século; foram precisos dezoito para preparar a inteligência humana a compreender em espírito e em verdade as divinas palavras do Mestre, em toda a sua extensão, e para despojá-las da letra de que os primeiros iniciadores as cercaram, e que estreitava seu alcance. Este último mal era necessário; cada século, cada grau de adiantamento moral tem suas necessidades, tanto materiais quanto intelectuais. Não murmuremos, portanto, mas bendigamos antes a previdência da sabedoria divina.

Terminou-se por sentir a necessidade de compreender o que era obscuro; pôs-se a explicar; daí, tantas doutrinas diferentes que dividiram o mundo cristão em uma quantidade inumerável de seitas. Enfim, Deus teve piedade das inteligências humanas; o Espiritismo aparece, e seus efeitos benfazejos provam que ele vem de Deus.

---

[2] O livro foi publicado em 1869. (N. T.)

Cada dia traz novas provas evidentes do bem moral produzido sobre os homens pelo Espiritismo. Conhecemos muitos exemplos, e estivemos mesmo a apreciar um, sobretudo, particularmente. Que nos seja permitido citá-lo aqui.

Um polonês, nascido na opulência, no seio de uma família honrosa, educado em todos os princípios da religião e da moral, embora provado em suas mais caras afeições e em seu bem-estar material pelos acontecimentos políticos, fez sua entrada no mundo sob os auspícios mais favoráveis. Situado em um meio inteligente, e por seu nascimento e por suas relações, uma parte de sua juventude se passou em pesquisas e em leituras de todos os sistemas filosóficos e sociais que se seguiram de perto no segundo quarto de nosso século. Entretanto, não tendo feito estudos preliminares bastante sérios para sustentar, sem perigo, um semelhante choque de ideias, não pôde senão ser abalado nas bases primitivas de sua educação. Depois dos anos de felicidade e de tranquilidade, vieram os reveses mais dolorosos. A ingratidão mais sombria da parte daqueles mesmos para os quais tinha sacrificado sua felicidade, seu repouso e sua fortuna; intrigas, falsas acusações, denúncias caluniosas; enfim, processo escandaloso e ruinoso, nada lhe foi poupado. Profundamente ferido em suas afeições mais íntimas, nem as circunstâncias particulares, nem suas relações de família, nem as desventuras políticas de sua pátria sendo de natureza a poder sustentar sua coragem ou reanimar sua fé já vacilante, tomou em horror a humanidade inteira, sem excetuar a si mesmo; crise decisiva que acarreta ordinariamente a queda moral! Foi quando se encontrava já na borda desse precipício que o Espiritismo o salvou; uma sessão num grupo espírita atingiu sua imaginação e lhe abriu um horizonte novo. Pôs-se a ler, a estudar, a orar, e se tornou feliz. Desde esse tempo, tendo aprendido a perdoar e a amar, jamais deixou de agradecer o Criador, a fronte abaixada, o coração cheio de reconhecimento, por todas as provas que ele se dignou lhe enviar, por dolorosas que fossem, porque aí viu a ação da misericórdia divina!

Não há milhares de casos parecidos no mundo? Quisemos citar um exemplo de que pudéssemos garantir a autenticidade, e o podemos, pois o polonês em questão é o que escreve estas linhas. Que se nos perdoe ter falado de nossa individualidade: julgam-se melhor os efeitos morais que se sentem em si mesmo. Estaríamos felizes se essa confissão, feita de bom coração, pudesse encorajar ao estudo do Espiritismo aqueles de nossos irmãos que, encontrando-se numa posição análoga, não o conhecem ainda, ou o receiam por alguns escrúpulos religiosos.

Desde nossa conversão, não cessamos de trabalhar e de estudar. Frequentemente, temos sido atingidos pela fraqueza dos argumentos que empregam aqueles que escrevem contra o Espiritismo, e a bibliografia dos últimos anos é rica em obras desse gênero. Ele, ao contrário, está coberto de um escudo contra o qual se quebram todas as setas que se lhe lançam; esse escudo é a lógica. Seus propagadores invisíveis confundem todos os seus inimigos ensinando e dando eles mesmos o exemplo da simplicidade, da caridade e da modéstia. Resiste-se ao orgulho, é-se desarmado pela humildade.

Vendo no Espiritismo, não uma religião nova, como se aprazem em dizê-lo àqueles que não o conhecem ou o conhecem superficialmente, mas o estudo das leis eternas que regem a criação inteira, estudo que tem por objetivo o progresso e a melhoria geral, após ter lido e meditado todas as obras que explicam o Evangelho, ensaiamos fazer pesquisas espíritas no Antigo Testamento. Se não abusamos em nosso zelo pela causa, encontramos os antigos hebreus mais espíritas do que nós o fomos, nós cristãos, antes do aparecimento do Espiritismo. Excetuada a moral cristã, completamente desenvolvida no Evangelho, e que era apenas esboçada antes do Cristo, quase todas as principais bases sobre as quais se apoia a doutrina espírita de hoje eram mais ou menos conhecidas dos descendentes do povo de Moisés.

Decidimo-nos a publicar esta percepção, não para dela nos fazer um mérito, mas na esperança de que outros, mais instruídos e mais capazes, virão desenvolver mais este assunto e corrigir os erros e as omissões que possamos ter cometido. Pensamos que um trabalho deste gênero poderia ser muito útil àqueles de nossos irmãos que não são cristãos. Não há mesmo algumas seitas cristãs que fazem da Bíblia um assunto de estudo especial? Embora sendo médium escrevente, não é uma obra medianímica que apresentamos ao público, mas simplesmente extratos de alguns versículos do Antigo Testamento que mais nos atingiram, acompanhados de nossa opinião toda pessoal, que, por conseguinte, não poderia ser considerada como infalível nem como verdade obrigatória.

Não acreditamos necessário desenvolver toda a doutrina espírita, não tendo absolutamente a pretensão de fazer uma obra completa e não sentindo em nós a força para isso. Não são, portanto, senão algumas observações dirigidas àqueles que, conhecendo já a doutrina, estão em condições de nos compreender, e a fim de atrair sua atenção mais particularmente sobre a época bíblica.

Em todos os casos, pedimos a nossos irmãos espíritas não verem nesta publicação senão um efeito de nossa boa vontade, inspirada pelo desejo de nos tornar útil, tanto quanto nossas fracas forças no-lo permitam.

Tomamos nossos exemplos na Bíblia de Ostervald, que tem a reputação de ser uma das melhores traduções e uma das que menos alteraram o sentido do texto hebraico. Para as partes que não se encontram senão nas Bíblias católicas, empregamos a Bíblia de Genoude; algumas vezes, tomamos nossas citações numa e noutra tradução, para mais inteligência.

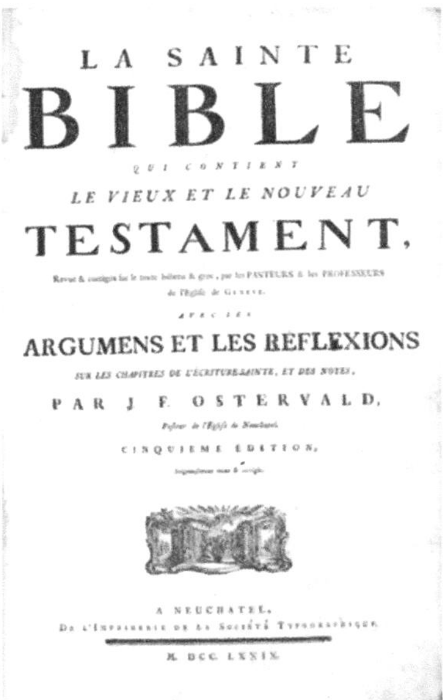

LA SAINTE

BIBLE

QUI CONTIENT

LE VIEUX ET LE NOUVEAU

TESTAMENT,

AVEC LES

ARGUMENS ET LES REFLEXIONS

PAR J. F. OSTERVALD,

CINQUIEME EDITION,

A NEUCHATEL,

M. DCC. LXXIX.

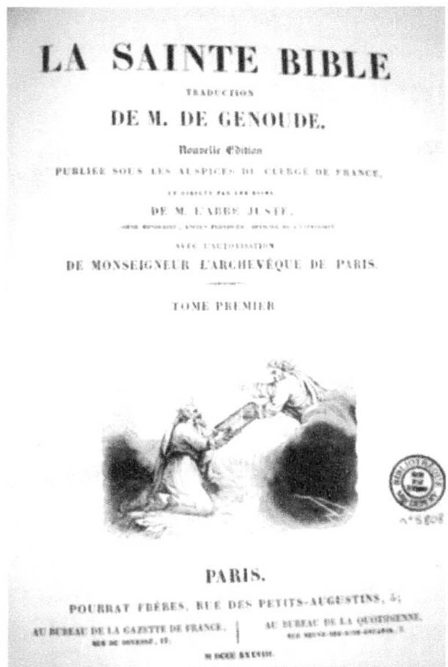

LA SAINTE BIBLE

TRADUCTION

DE M. DE GENOUDE.

Nouvelle Édition

PUBLIÉE SOUS LES AUSPICES DU CLERGÉ DE FRANCE,

DE M. L'ABBÉ JUSTE,

AVEC L'AUTORISATION

DE MONSEIGNEUR L'ARCHEVÊQUE DE PARIS.

TOME PREMIER.

PARIS.

POURRAT FRÈRES, RUE DES PETITS-AUGUSTINS, 5;

AU BUREAU DE LA GAZETTE DE FRANCE, | AU BUREAU DE LA QUOTIDIENNE,

M DCCC XXXVIII.

Frontispícios da *Bíblia de Ostervald*, 1779 (à esquerda), e da *Bíblia de Genoude*, 1838, as duas versões francesas utilizadas em citações nesta obra.

Introdução

Para se entender, precisa-se de palavras. A palavra *Espiritismo* que, desde alguns anos somente, toma seu lugar nos dicionários, não exprime, entretanto, uma coisa nova, uma vez que não há nada de novo cá em baixo. Ela foi formada para agrupar em um só feixe um conjunto de fenômenos de uma ordem especial, tão antigos quanto o mundo, mas esparsos, incompreendidos, sem ligação, sobre os quais dificilmente a atenção se trazia, e que não tinham ainda nome genérico; ela designa ao mesmo tempo a ciência que fez deles o objeto particular de seus estudos. Esses fenômenos, cujo princípio repousa sobre as leis imutáveis que regem a criação inteira de toda a eternidade, são os que resultam das relações do mundo visível e do mundo invisível, dito de outra forma: do espírito e da matéria.

Pretender que esses fenômenos estão fora das leis naturais seria denegar a Deus a onipotência; crer que eles não existiram sempre seria fazer descer o Criador ao nível de um simples fabricante, que constantemente aperfeiçoa sua invenção. Onde há aperfeiçoamento, há também imperfeição, e um Ser infinitamente perfeito não pôde fazer senão uma obra infinitamente perfeita e completa em sua perfeição. Ele não pode, portanto, nada acrescentar à sua obra; mas o homem não chega senão sucessivamente a conhecer e a compreender essa obra: é por isso que a ciência faz a cada dia novas descobertas nas leis da natureza. O Espiritismo se deu por missão explorar essas leis de um ponto de vista especial; ele nada inventou, mas observa o que não tinha sido observado antes dele; ele compara, e explica o que parecia inexplicável sem recorrer ao sobrenatural.

A palavra *Espiritismo*, tendo por objeto exprimir uma coisa especial, nova quanto à forma, tem, portanto, uma significação própria bem caracterizada; não pode ser suprida por nenhuma equivalente sem confusão, porque a palavra *espiritualismo*, que tem também sua acepção nitidamente definida, consagrada pelo uso, não poderia render a mesma ideia, uma vez que se pode ser *espiritualista* sem ser *espírita*.

O Espiritismo não acrescenta, portanto, nada à obra divina, que foi completa de toda a eternidade e o será de toda a eternidade.

> Deus, em sua sabedoria, dispôs suas obras desde o começo. Distinguiu todas as partes desde sua origem, e as fundou *pelos séculos dos séculos*. Ornou-as *para sempre*, e nenhuma definhou, nem desfaleceu, nem faltou à sua destinação. Nenhuma deterá a marcha de outra *para sempre*. (Eclesiástico, XVI, *v*. de 26 a 28.)

Essas palavras proclamam claramente a *eternidade do mundo*, contrariamente ao que ensina a teologia no tocante ao *fim do mundo*; mas essa não é a única contradição que se possa levantar.

Muitos autores escreveram sobre a antiguidade do Espiritismo e provaram que se o encontra nas doutrinas filosóficas da antiguidade mais recuada, entre quase todos os povos e em quase todas as religiões. Somente, como as ideias filosóficas resultam de um certo grau de desenvolvimento da inteligência, entre os antigos, elas eram o privilégio de certas castas, de certos indivíduos mesmo, que, ordinariamente, estavam à frente das religiões.

Como a grandeza e a justeza das ideias estão na razão direta do desenvolvimento das inteligências que as originam, necessariamente, na antiguidade, ao lado de grandes verdades, houve muitos erros. É em nosso século, parece, que a divina Providência tem dado trabalhar para retificá-los, em fazendo pesquisas e descobertas no domínio das leis que regem os fenômenos de que nossa humanidade é testemunha desde que a terra é habitada.

De todos os tempos, a criatura inteligente tinha aspirações ao desconhecido. Isso se deve ao pressentimento, muitas vezes inconsciente, de sua perfectibilidade. Os "como", os "porquê" lhe foram sempre simpáticos. Mas, como toda coisa deve vir em seu tempo, a divina Providência detinha esses ímpetos pela boca de todos os doutrinadores que recomendavam a fé cega em seus ensinamentos. O trabalho moral e intelectual sendo, entretanto, uma das leis divinas, ele se fazia lentamente e dava nascimento a ideias sempre novas, mais ou menos verdadeiras, mais ou menos errôneas, e nosso mundo se dividia em crenças, primeiro, em doutrinas, depois, mais ou menos materialistas, mais ou menos espiritualistas.

A inteligência não tendo senão uma força de ação relativa, os frutos que ela produz estão também restritos a certos limites relativos. Estes últimos não podem ser ultrapassados impunemente sem cair na superstição.

A superstição não é outra coisa que o pressentimento de uma verdade não explicada e envolvida de uma forma mais ou menos grosseira, que se transforma, depura-se, para deixar aparecer, mais tarde, a verdade clara e sem liga.

Todas as doutrinas tiveram transformações parecidas, sem disso excetuar a do Cristo, pois o divino Mestre devia também restringir seus ensinamentos a certos limites em relação às inteligências com as quais ele lidava. Não disse ele mesmo:

> Eu teria ainda muitas coisas a vos dizer, mas elas estão ainda acima de vosso alcance. (S. João, XVI, *v*. 12.)
>
> Se vos falei de coisas terrestres, e não me credes, como creríeis se eu vos falasse das coisas celestes? (S. João, III, *v*. 12.)

Sua doutrina, entretanto, não era somente feita para os poucos indivíduos que tinham a felicidade de vê-lo e de ouvi-lo, mas também para as gerações futuras. Ela é, portanto, completa; mas o que não podia ser compreendido então era velado sob uma forma mais ou menos obscura, e, em um tempo dado, devia aparecer à luz do dia. Foi por isso que ele disse:

> Pois não há nada de secreto que não deva ser manifesto, nem nada de escondido que não deva ser conhecido e vir em evidência. (S. Mat., X, *v*. 26. – S. Marcos, IV, *v*. 22. – S. Lucas, VIII, *v*. 17, e XII, *v*. 2).

Muitas vezes, ele falara ao povo em parábolas:

> Então os discípulos, tendo-se aproximado, disseram-lhe: "Por que lhes falas em parábolas?" Ele respondeu e lhes disse: "Porque vos é dado conhecer os mistérios do reino dos céus, mas isso não lhes é dado". (S. Mat., XIII, *v*. 10, 11. – S. Marcos, IV, *v*. 10, 11. – S. Lucas, VIII, *v*. 9, 10.)

Não, não lhes era dado ainda compreender tudo o que o Mestre dizia; por isso, tomou-se à letra o que o Cristo devia velar de propósito, e cada um interpretou a seu grado as passagem de que não se podia apreender o sentido. Daí tantas diferentes maneiras de compreender certas palavras do Cristo.

Mesmo São Paulo, que, após Jesus, pregava o Evangelho, disse em suas Epístolas:

> Por mim, meus irmãos, não pude vos falar como a homens espirituais, mas vos falei como a homens carnais, como a filhos do Cristo. Dei-vos leite para beber, e não vos dei o alimento sólido, pois não estais em condições de suportá-lo; e mesmo, presentemente, não o podeis ainda, porque sois ainda carnais. (I Epístola aos Coríntios, III, *v*. 1, 2.)

> Pois, embora devêsseis ser mestres há longo tempo, tendes ainda necessidade de que se vos ensinem os primeiros elementos da palavra de Deus, e estais numa tal condição, que tendes antes necessidade de leite que de um alimento sólido.
> Mas a nutrição sólida é para os homens feitos, a saber: para aqueles que, estando aí acostumados, têm o espírito exercitado para discernir o bem e o mal. (Epístola aos Hebreus, V, *v*. 12, 14.)

> Que também nos tornou capazes de ser ministros da nova aliança, não da letra, mas do espírito; pois

> *a letra mata, mas o espírito dá a vida*. (II Epístola aos Coríntios, III, *v*. 6)

Os doutores que sucederam os apóstolos não fizeram grande caso desse versículo de São Paulo, e uma doutrina divina, pura e simples, serviu de fundamento para construir uma verdadeira torre de Babel cristã.

É o papel do Espiritismo despojar essa santa doutrina da letra, mostrá-la em sua verdadeira luz, "em espírito e em verdade", e reunir todas as ovelhas no mesmo aprisco: o pastor o quer!...

Há várias obras que explicam o Evangelho pelo Espiritismo, não temos, portanto, de nos ocupar dele especialmente; mas aproveitaremos os ensinamentos que aí se encontram, em relação aos fenômenos e às leis que o Espiritismo proclama.

Geralmente, divide-se a história religiosa de nosso globo em três eras distintas:

1. O *Mosaísmo*, reino da matéria.
2. O *Cristianismo*, reino do Verbo.
3. O *Espiritismo*, reino do Espírito.

Moisés, baseando sua legislação e sua religião sobre o Decálogo, foi o primeiro iniciador.

O Cristo explica e completa o Mosaísmo em despojando-o da matéria.

O Espiritismo explica e continua o Cristianismo em despojando-o da letra.

Mas o Espiritismo, explicando as palavras do Cristo, explica por aí mesmo as dos profetas.

A teologia católica pretende que não devemos nos ocupar dos profetas do Antigo Testamento, porque as profecias foram cumpridas pelo Cristo. Certamente, foram cumpridas no que respeitava à vinda do Messias; mas não nos fizeram eles outras promessas que, mais tarde, foram repetidas pelo Cristo e confirmadas por ele?

> Não penseis que eu vim abolir a lei ou os profetas; eu vim, não para aboli-los, mas para cumpri-los. Pois eu vos digo, em verdade, que até que o céu e a terra passem, não haverá nada na lei que não se cumpra até um só iota e um só traço de letra. (S. Mat., V, *v*. 17, 18. – S. Lucas, XVI, *v*. 16, 17.)

Da mesma forma que o Cristo predisse coisas que, em parte, já se cumpriram, outras que estão em via de cumprimento, outras, enfim, que se cumprirão um dia, assim os profetas falaram para todos os tempos por vir.

À medida que o Espiritismo se desenvolve, que nossos olhos se abrem, começa-se a compreender que sob os nomes de: ***Jerusalém*, *filha de Jerusalém*, *Judá*, *Efraim*, *casa de José*, *casa de Jacó*, *casa de Israel***, etc., os profetas designavam a humanidade toda inteira. E podia ser de outra forma?

Se acreditamos que os profetas eram Espíritos em missão,[1] pode-se razoavelmente supor que Deus, esse Pai de misericórdia e de amor infinitos, tenha concentrado esse amor sobre um só povo? Que dele tenha deserdado o resto da humanidade? Aliás, tomando a letra das profecias, há as que jamais foram cumpridas. Portanto, os profetas, Espíritos em missão pela vontade de Deus, ter-nos-iam induzido em erro.

Tomemos por princípio que, se o Cristo não podia tudo dizer claramente em seu tempo, já mais adiantado em relação aos homens que viviam no tempo dos profetas bíblicos, de quanto estes últimos não deviam ser mais obscuros em certas predições que lhes eram inspiradas? Eles mesmos, talvez, acreditassem falar primeiro apenas aos judeus, e é mesmo bem provável.

É preciso também fazer a distinção da forma da linguagem usual entre quase todos os povos do oriente. Ainda no presente, não falam eles figuradamente quando tratam as questões um pouco elevadas?

Dissemos acima que, se o Espiritismo, como doutrina filosófica, é novo, sua existência, no entanto, data do começo do mundo; e, com efeito, lendo o Antigo Testamento com atenção, encontram-se quase por toda parte os princípios fundamentais do Espiritismo, frequentemente à sombra do mais grosseiro materialismo.

Deus, em seu amor infinito, arranjou para cada um o que

[1] A palavra Espírito tendo duas significações distintas, começamo-la por uma maiúscula todas as vezes que queremos designar o ser individual, fluídico, impalpável para nossos sentidos grosseiros; por uma minúscula, para designar as faculdades intelectuais desse mesmo ser. Poder-se-ia, portanto, escrever: "O Espírito tem o espírito". Seguimos, nisso, o exemplo de vários autores espíritas, e principalmente o do Sr. Allan Kardec.

lhe é preciso individualmente e coletivamente. Para cada tempo, para cada grau de adiantamento, são precisos outros meios para agir sobre o moral do homem, a fim de conduzi-lo ao bem.

No tempo de Moisés, a humanidade, na infância, era ainda muito material e pouco desenvolvida moralmente; por isso, não se podia chegar a produzir o efeito desejado sobre ela senão por meios que caíssem sob os sentidos. Moisés, esse grande organizador, compreendeu-o; é por isso que suas leis, tanto religiosas quanto morais e civis, têm, na maior parte, uma aparência grosseira, e estão repletas de formas indispensáveis para a época, e que parecem ridículas hoje.

São Paulo engaja Tito, seu discípulo, a ensinar o Evangelho:

> Sem se deter nas fábulas judaicas e nas ordenanças dos homens que se desviam da verdade. (Epístola a Tito, I, *v.* 14.)

Moisés era um Espírito em missão; por isso, era ajudado constantemente por influências ocultas. É por isso que vemos tantas manifestações espíritas, que se seguem diminuindo e mudando de forma e de efeito, à medida que a humanidade se aperfeiçoa. Primeiro, são chamas, colunas de nuvens, sons, trombetas, trovões, etc., etc., fenômenos entremeados de aparições. Depois, vêm só as aparições, no estado de vigília e em sonhos. À medida que as inteligências se desmaterializam e que as ideias que elas originam são mais espiritualistas, as manifestações físicas se tornam mais raras, a mediunidade se propaga cada vez mais.

É assim que o olho paternal do Criador velava pelo adiantamento moral de sua criatura, e preparava a vinda do divino Reformador que devia voltar as inteligências para uma ordem de ideias todas espirituais. Aproveitou-se disso suficientemente? Não ainda, ah! Mas o olho está sempre lá: ele vela sem cessar e derrama seus raios benfazejos, que reaquecem, fortalecem, depuram; e a obra avança..... ela será acabada.

Primeira Parte

Aparições, efeitos físicos

O Antigo Testamento está cheio de aparições sob forma de anjos e outras; a cada página se encontram com elas; não citaremos senão algumas, assim como os efeitos físicos destinados a atingir as imaginações.

> E o anjo do Eterno lhe apareceu em uma chama de fogo, do meio de um arbusto, e ele olhou, e eis: o arbusto estava todo em fogo, mas não se consumia. (Êxodo, III, *v*. 2.)

> E o anjo de Deus que ia adiante do acampamento de Israel partiu e se foi para trás deles; e a coluna de nuvens partiu de diante deles e se manteve atrás deles; e ela vinha entre o acampamento de Israel e o acampamento dos egípcios. Era, pois, para uns, uma nuvem e uma obscuridade, e, para os outros, ela os aclarava à noite, e eles não se aproximaram uns dos outros por toda a noite. (Êxodo, XIV, *v*. 19 e 20.)

Era preciso dar uma prova palpável da vigilância constante da divina Providência para despertar, nesses homens duros e grosseiros, a confiança em Deus, a fé em sua presença, e a esperança de seus benefícios.

> E no terceiro dia, de manhã, houve trovões, relâmpagos e uma grossa nuvem sobre a montanha, com um som fortíssimo de corneta, com o que todo o

> povo que estava no acampamento ficou assustado. Ora, o monte Sinai estava todo em fumaça, porque o Eterno aí descera no fogo, e sua fumaça subia como a fumaça de uma fornalha, e toda a montanha tremia forte. E como o som da corneta se reforçava cada vez mais, Moisés falou e Deus respondeu *por uma voz*. (Êxodo, XIX, *v*. 16, 18, 19.)

Sabemos que Deus não se comunica jamais diretamente com os homens. Era uma manifestação que fizeram os Espíritos elevados por ordem de Deus. Era preciso, no entanto, que o povo cresse que era o próprio Deus que descera a eles, e que a voz, que se fazia ouvir, era a de Deus.

> Ora, no dia em que o pavilhão foi erguido, a nuvem cobriu o pavilhão no local do tabernáculo do testemunho, e, desde a tarde até a manhã, se a viu sobre o pavilhão aparecer como um fogo. (Números, IX, *v*. 15.)

> E a nuvem do Eterno estava sobre eles durante o dia, quando partiam do lugar onde estavam acampados. (Números, X, *v*. 34.)

> E que o Eterno vos falou do meio do fogo, ***ouvistes bem uma voz que falava, mas não vistes nenhuma aparência e não ouvistes senão a voz***. (Deuteronômio, IV, *v*. 12.)

Dissemos acima o que era essa voz, que foi tomada pela voz de Deus. Ela o era de fato, uma vez que os Espíritos que a faziam ouvir agiam pela vontade de Deus; eles eram seus instrumentos para fazer conhecer sua lei aos homens.

> Ora, aconteceu que, quando Josué estava perto de Jericó, ele levantou os olhos e olhou, e eis: um homem se punha de pé face a face dele, que tinha sua espada nua à mão; e Josué foi a ele e lhe disse: "És dos nossos ou de nossos inimigos?" E ele disse: "Não, mas sou o chefe do exército do Eterno, que vim presentemente". E Josué se lançou sobre seu rosto em terra, prostrou-se e lhe disse: "Que é que meu Senhor disse a seu servo?" (Josué, V, *v*. 13.)

> E quando eles continuavam seu caminho e marchavam falando, eis uma carruagem de fogo e cavalos

de fogo que os separaram um do outro. E Elias subiu aos céus por um turbilhão. (II Reis, II, *v*. 11.)

Quando, pois, eles estavam juntamente com os que soavam as trombetas e quando cantavam e faziam ressoar suas vozes num mesmo acorde, para louvar e para celebrar o Eterno... e quando louvavam o Eterno, dizendo: "Como ele é bom e como sua misericórdia permanece para sempre"; aconteceu que a casa do Eterno ficou cheia de uma nuvem. (II Crônicas, V, *v*. 13.)

E os sacerdotes não podiam entrar na casa do Eterno, porque a glória do Eterno enchera sua casa. E todos os filhos de Israel, vendo como o fogo descia, e como a glória do Eterno estava sobre sua casa, curvaram o rosto em terra sobre o pavimento... (II Crônicas, VII, *v*. 2, 3.)

E agora, o Senhor me enviou para te curar e para libertar do demônio a mulher de teu filho, Sara. Pois eu sou o anjo Rafael, um dos sete que assistem diante do Senhor.
Eu parecia comer e beber convosco, mas me sirvo de um alimento invisível e de uma bebida que os homens não podem ver. (Tobias, XII, *v*. 14, 15, 19.)

Aparição tangível, chamada "agênere" em Espiritismo. A *Revista Espírita* cita vários fenômenos desse gênero, e que se reproduzem em nossos dias.[1]

Esse anjo da Bíblia acompanhou o filho de Tobias em uma longa viagem,[2] e não foi senão em seu retorno que ele desvelou sua natureza extraterrestre.

As visões que os perturbaram eram uma advertência, a fim de que eles não fossem atingidos sem

[1] Exemplos de aparições vaporosas ou tangíveis e de agêneres reportados na *Revista Espírita*: Janeiro 1858, p. 24; – Outubro 1858, página 291; – Janeiro 1859, página 11; – Fevereiro 1859, página 38; – Março 1859, página 80; – Agosto 1859, página 210; – Novembro 1859, página 303; – Abril 1860, página 117; – Maio 1860, página 150; – Julho 1861, página 199; – Abril 1866, página 120; – Dezembro 1866, página 353: O lavrador Martin apresentado a Luís XVIII; detalhes completos.
Exemplos de aparições de pessoas vivas: *Revista Espírita*: Dezembro 1858, páginas 329 e 331; – Fevereiro 1859, p. 41; – Agosto 1859, página 197; – Novembro 1860, página 356.

[2] Houve confusão com os nomes. O anjo acompanhou em viagem o próprio Tobias, que era filho de Tobit. (N. T.)

> saber a causa dos males que sofriam. (Sabedoria, XVIII, *v*. 19.)

> E após isso, ele (Samuel) morreu, e falou ao rei e lhe mostrou o fim de sua vida, e, saindo da terra, ele levantou a voz para profetizar a ruína da nação por causa de sua impiedade. (Eclesiástico, XLVI, *v*. 23.)

> Então eu olhei, e eis uma mão enviada a mim, e ela segurava um livro enrolado. (Ezequiel, II, *v*. 9.)

Os primeiros capítulos do profeta Ezequiel estão cheios de visões de todo gênero.

> A mão do Eterno veio sobre mim, e *o Eterno me fez sair em Espírito*, e me pôs no meio de uma campina que estava cheia de ossos.
> Então, eu profetizei, como me fora mandado; e logo que eu profetizei, fez-se um ruído, depois um tremor, e esses ossos se aproximaram um do outro. E eu olhei, e eis: formaram-se nervos sobre eles, e aí cresceu a carne, e a pele aí foi estendida por cima; mas o Espírito não estava aí. Então ele me disse: "Profetiza, dirigindo-te ao Espírito, tu, filho do homem, e dize ao Espírito: Assim diz o Senhor, o Eterno: Espírito, vem dos quatro ventos e sopra sobre esses mortos, e *que eles revivam*". Eu profetizei, pois, como ele me tinha mandado, e o Espírito entrou neles, e eles *reviveram* e se puseram sobre seus pés, e faziam um muito grande exército. (Ezequiel, XXXVII, *v*. 1, 7 a 10.)

É preciso bem notar que era uma visão e não uma realidade. Ela era, entretanto, muito significativa, como se verá adiante.

> Naquela mesma hora, dedos de uma mão de homem saíram, os quais escreviam diante do candelabro sobre o local da muralha do palácio real, e o rei via essa parte da mão que escrevia. (Daniel, V, *v*. 5.)

> Mas o espírito do Deus todo poderoso se manifestou então por sinais sensíveis, de sorte que todos os que ousaram obedecer a Heliodoro, derrubados por uma virtude divina, foram de repente atingidos de temor e de abatimento. (II Macabeus, III, *v*. 24.)

Em nossos dias, efeitos físicos desse gênero se veem também: somente compreendemos, graças ao Espiritismo, que não é o próprio Deus que os produz e que eles não são, tampouco, os malefícios do demônio. Em dadas circunstâncias, os Espíritos não transportam móveis, objetos de todos os gêneros? Não dão batidas, sopros, e não agem sobre nós sem se fazerem ver a nossos olhos?

Os ignorantes atribuem essas sortes de fatos ao diabo. No caso extraído do livro de Macabeus, o tesouro do Templo tendo sido salvo da pilhagem, acreditou-se que era o próprio Deus que tinha produzido a manifestação.

As manifestações físicas e as aparições que se encontram no Novo Testamento são demasiado conhecidas para reproduzi-las aqui.

Não citaremos senão uma só, é a da descida do Santo Espírito sobre os apóstolos, em forma de línguas de fogo. Sabe-se que os Espíritos podem tomar a forma que eles querem para se tornar visíveis aos homens:

> Então, fez-se de repente um ruído que vinha do céu, como o ruído de um vento que sopra com impetuosidade, e encheu toda a casa onde eles estavam. E eles viram aparecer línguas separadas umas das outras, que eram como de fogo e que se puseram sobre cada um deles. E eles ficaram todos cheios do Santo Espírito, e começaram a falar línguas estrangeiras, segundo o que o Espírito os fazia falar. (Atos, II, *v.* de 2 a 4.)

Essa manifestação era necessária para dar aos apóstolos uma prova palpável do dom que eles tinham recebido, e, por aí, fortificar sua fé e sua coragem para a missão que iam cumprir.

Moisés sozinho recebe a Lei sobre o monte Sinai. (Gravura de A. Girardet, n.° 110, 1778, da *Bíblia de Ostervald*.)

A habitação de Moisés com a nuvem. (A. Girardet, gr. n.° 114, 1778, *Bíblia de Ostervald*.)

Josué e o anjo. (A. Girardet, gr. n.º 131, 1778, ***Bíblia de Ostervald***.)

Elias é levado ao céu. (A. Girardet, gr. n.º 235, 1778, ***Bíblia de Ostervald***.)

Tobias viaja em companhia do anjo (centro da figura). (A. Girardet, gr. n.° 331, 1778, *Bíblia de Ostervald*.)

A descida do Espírito sob forma de línguas de fogo sobre os apóstolos, na ocasião do Pentecostes. (A. Girardet, gr. n.° 416, 1778, *Bíblia de Ostervald*.)

Escrita direta e fenômenos de transporte

A Bíblia reporta poucos fenômenos desse gênero: três casos de escrita direta muito notáveis, e um de transporte.

Dissemos acima que, o próprio Deus não se comunicando jamais com os homens, os fenômenos do monte Sinai eram produzidos por Espíritos elevados, por ordem e sob a influência da vontade divina. Além dos que citamos acima, há ainda duas sortes de fenômenos que se produziram sobre o monte Sinai: um transporte, pois as tábuas da aliança foram dadas a Moisés; e a escrita direta sobre essas mesmas tábuas.

> E o Eterno disse a Moisés: "Sobe a mim sobre a montanha e permanece lá, e eu te darei tábuas de pedra, e a lei e os mandamentos *que eu escrevi*, para ensiná-los". (Êxodo, XXIV, *v*. 12.)
>
> E depois que Deus tinha acabado de falar com Moisés sobre a montanha de Sinai, deu-lhe as duas tábuas de testemunho, as tábuas de pedra, *escritas pelo dedo de Deus*. (Êxodo, XXXI, *v*. 18.)
>
> E as tábuas *eram a obra de Deus*, a escrita também *era a escrita de Deus*. (Êxodo, XXXII, *v*. 16.)
>
> E Moisés permaneceu lá, com o Eterno, quarenta dias e quarenta noites, sem comer pão e sem beber água, e *o Eterno escreveu* sobre as tábuas as palavras da aliança, a saber, as dez palavras. (Êxodo, XXXIV, *v*. 28).

> E o Eterno pronunciou essas palavras a toda a vossa assembleia, sobre a montanha, do meio do fogo da nuvem e da obscuridade, com uma voz forte, e aí não acrescentou nada; depois *ele as escreveu* sobre duas tábuas de pedra *que ele me deu*. (Deuteronômio, V, *v*. 22.)

> Então, *o Eterno me deu* duas tábuas de pedra, *escritas pelo dedo de Deus*, e sobre as quais todas as palavras que o Eterno tinha pronunciado quando falava convosco sobre a montanha do meio do fogo, no dia da assembleia, *estavam escritas*. (Deuteronômio, IX, *v*. 10.)

As primeiras tábuas tendo sido quebradas por Moisés, em um momento de cólera contra o povo:

> Naquele tempo, o Eterno me disse: "Talha-te duas tábuas de pedra como as primeiras e sobe a mim sobre a montanha, depois tu te farás uma arca de madeira".
> Então, *ele escreveu sobre essas tábuas*, como tinha escrito a primeira vez as dez palavras que o Eterno vos tinha pronunciado sobre a montanha, do meio do fogo, no dia da assembleia; depois o Eterno as deu para mim. (Deuteronômio, X, *v*. 1 e 4.)

Essa segunda vez, não foi mais o fenômeno de transporte; foi apenas o fenômeno da escrita direta que se reproduziu, as novas tábuas da aliança tendo sido feitas pelo próprio Moisés.

> Naquela mesma hora, dedos de uma mão de homem saíram, que escreviam diante do candelabro, sobre o local da muralha do palácio real, e o rei via essa parte de mão que escrevia. (Daniel, V, *v*. 5.)

Foi durante o festim de Baltazar, – em hebraico: *Belsçatsar*, – que esse fenômeno teve lugar. Ele é duplo: aparição tangível e escrita direta.

Em nossos dias, o barão de Guldenstubbé é o que tem obtido os maiores resultados na escrita direta.[1]

[1] Ver sua obra: *A Realidade dos Espíritos*. Paris, 1867, Casa Franck, Rua Richelieu, 67.

Moisés recebe as tábuas com a Lei escrita. (Frontispício da *Bíblia de Genoude*, 1838.)

A mão surge e escreve na parede, no festim de Baltazar. (A. Girardet, gr. n.° 305, 1778, *Bíblia de Ostervald*.)

PNEUMATOLOGIE POSITIVE ET EXPÉRIMENTALE.

LA

RÉALITÉ DES ESPRITS

ET LE

PHÉNOMÈNE MERVEILLEUX

DE LEUR ÉCRITURE DIRECTE

DÉMONTRÉES PAR

LE BARON L. DE GULDENSTUBBÉ.

Alors Moïse se tourna, et descendit de la montagne, ayant en sa main les deux tables du témoignage; et les tables étaient écrites de leurs deux côtés, écrites deçà et delà. Et les tables étaient l'ouvrage de Dieu, et l'écriture était l'écriture de Dieu, gravée sur les tables. (Exode, XXXII, 15 et 16.)

PARIS,
LIBRAIRIE A. FRANCK, RUE RICHELIEU, 67.
1857.

L'auteur se réserve le droit de traduire ce volume dans toutes les langues modernes.

O Barão Luís de Guldenstubbé (1820-1873), pesquisador do fenômeno de escrita direta, e o frontispício de sua obra *A Realidade dos Espíritos*.

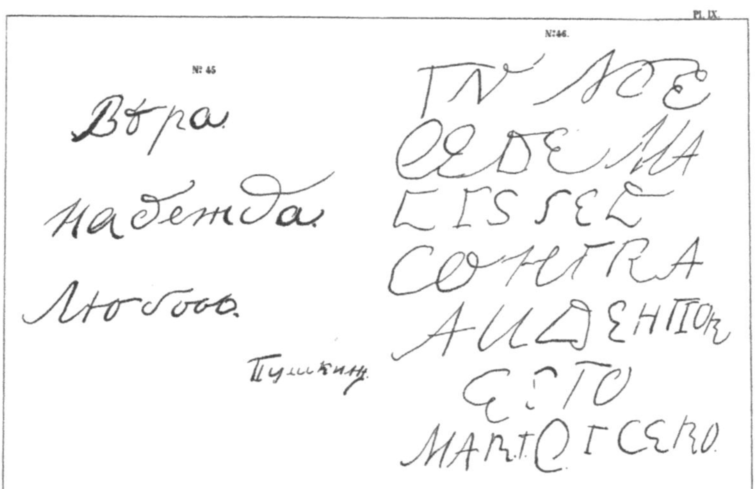

Exemplos de escrita direta obtidos pelo Barão de Guldenstubbé, em presença de testemunhas. Nº 45 (à esquerda): escrita em língua russa, traçada em 20 de novembro de 1856. Nº 46 (à direita): escrita latina, assinada pelo célebre orador M. T. Cícero, em 24 de dezembro de 1856.

Obsessões, possessões

Se os casos de obsessão e de possessão são numerosos em nossos dias, eles o eram bem mais na antiguidade. A Bíblia nos fornece deles muitas provas nos dois Testamentos. Sobretudo, aqueles que se encontram no Novo são bem conhecidos de todo o mundo.[1] Deles não citaremos senão alguns, porque, à parte alguns detalhes, os efeitos que eles produzem se assemelham quase todos.

> E o Espírito do Eterno se retirou de Saul, e *um mau Espírito*, enviado pelo Eterno, o perturbava. E os servos de Saul lhe disseram: "Eis, agora um mau Espírito, enviado de Deus, te perturba". (I Samuel, XVI, *v*. 14, 15.)

Saul era assistido pelos bons Espíritos; suas ações condenáveis fizeram com que se retirassem dele, como isso acontece em nossos dias quando alguém se deixa levar por seus maus pendores; um mau Espírito tomou então possessão do lugar. Os judeus viam nesse fato uma punição de Deus, é por isso que é dito: "Um mau Espírito enviado de Deus".

> E agora, o Senhor me enviou para te curar e para libertar do demônio a mulher de teu filho, Sara. (Tobias, XII, *v*. 14.)

> A fornicação, o vinho e o mosto lhes tiram o entendimento. Meu povo *pede conselhos* à *sua madeira*,

[1] Sr. Allan Kardec, em sua *Gênese segundo o Espiritismo*, citou-os em grande parte.

> *e seu bastão lhe responde*, – pois o Espírito de fornicação os fez errar, e eles se prostituíram abandonando seu Deus. (Oseias, IV, *v*. 11 e 12.)

> Quando ele vira Jesus de longe, acorreu e se prosternou diante dele e disse, gritando em alta voz: "Que há entre ti e mim, Jesus, filho do Deus altíssimo? Eu te conjuro pelo nome de Deus a não me atormentar". Pois Jesus lhe dizia: "Espírito imundo, sai desse homem!" E Jesus lhe perguntou: "Como te chamas?" E ele lhe respondeu: "Eu me chamo Legião, porque somos muitos". E lhe rogava forte não o enviar para fora dessa região. Ora, havia ali, pelas montanhas, uma grande manada de porcos que pastavam. E todos esses demônios lhe rogavam dizendo: "Envia-nos a esses porcos a fim de que aí entremos". E imediatamente Jesus o permitiu. Então esses Espíritos imundos, tendo saído, entraram nos porcos, e a manada se precipitou com impetuosidade no mar, e eles se afogaram no mar; ora, havia cerca de dois mil. (S. Mat., VIII, *v*. de 28 a 32. – S. Marcos, V, *v*. de 6 a 13. – S. Lucas, VIII, *v*. de 27 a 33.)

Essa manifestação tinha por objetivo mostrar ao povo o grande poder de Jesus sobre os maus Espíritos; ela apresenta o duplo efeito da obsessão e da possessão, e pode se explicar da maneira seguinte. Um desses Espíritos tinha tomado o lugar do Espírito encarnado, os outros o rodeavam e obedeciam ao Espírito principal, como isso acontece em nossos dias. Quanto à história dos porcos que se afogaram, é um fato que era necessário para atingir a imaginação dos assistentes; os maus Espíritos, com a permissão de Jesus e talvez pela força de sua vontade, tornaram-se visíveis aos porcos sob formas de tal modo assustadoras para estes últimos, que eles com isso experimentaram uma espécie de demência. Sabemos que a natureza dos fluidos do Espírito encarnado no homem é diferente daquela dos fluidos do animal; portanto, toda mistura desses dois gêneros de fluidos é impossível. Para os assistentes de então, esses Espíritos tinham supostamente entrado nos porcos.

Não vemos frequentemente, em nossos dias, acidentes produzidos por cavalos assustados em pleno campo, enquanto nós não vemos nada? O terror os paralisa, algumas vezes, a ponto de que, não somente lhes é impossível avançar, mas que eles tremem em todos os seus membros e caem em desfalecimento; outras vezes, eles se detêm, erguem as orelhas e têm o ar de ver alguma coisa. Outras vezes ainda, eles se enfurecem, e se o condutor não estivesse lá para dirigi-los, iriam se quebrar contra alguma árvore ou cair em algum precipício.

> E o povo estava atento, de um comum acordo, ao que Filipe dizia, escutando-o, e vendo os milagres que ele fazia. Pois Espíritos imundos saíam de muitos que estavam possuídos, soltando grandes gritos, e muitos paralíticos e aleijados foram curados. (Atos, VIII, *v*. de 5 a 7.)

> Suas iniquidades *envolvem o ímpio; ele é acorrentado nos laços de seu pecado*. (Provérbios, V, *v*. 22.)

> É por isso que a lei é enfraquecida e o direito jamais é sustentado; *pois o maldoso cerca* o justo; por causa disso, pronuncia-se um julgamento perverso. (Habacuque, I, *v*. 4.)

Que expressões marcantes de verdade! Por mais ignorantes que sejamos ainda sobre a natureza e sobre a ação dos fluidos espirituais, sabemos, entretanto, que deles existem bons e maus. Sabemos também que, por nossos pensamentos e nossas ações, podemos depurar os maus ou corromper os bons; enfim, que nos deixando livremente levar por nossos maus pendores, por pensamentos condenáveis, atraímos a nós maus fluidos que nós nos assimilamos; eles nos cercam, envolvem-nos, por assim dizer, e por aí nos tornam mais simpáticos aos maus Espíritos, que são sempre atraídos pelo mal.

O efeito ao qual estamos sujeitos nós mesmos, podemos reproduzi-lo sobre outros, pois, por nossa maldade e nossos maus pensamentos, juntos à vontade de fazer o mal ao próximo, nós lhe enviamos maus fluidos que o envolvem. Eis por que os médiuns inspirados dos tempos bíblicos, que chamamos profetas, diziam: "As iniquidades envolvem o ímpio. O maldoso cerca o justo".

É a razão pela qual o Espiritismo recomenda expressamente trabalhar por sua própria melhoria, orar e amar seu próximo.

Jesus liberta homens da obsessão, ordenando que os Espíritos impuros se retirem; os porcos se precipitam. (A. Girardet, gr. n.° 358, 1778, ***Bíblia de Ostervald.***)

Evocações, mediunidade

A melhor prova de que, no tempo de Moisés, a crença nos Espíritos e na possibilidade de evocá-los existia, e mesmo era difundida, é que o legislador hebreu proibia severamente a evocação dos mortos, o que se chamava então sortilégios. Não se proíbem as coisas impossíveis.

Moisés temia os perigos aos quais se expunha um povo ignorante e supersticioso, entregando-se a semelhantes práticas. Os Espíritos não sendo senão as almas dos que viveram, estes últimos, após sua morte, não eram nem melhores nem mais sábios, e ademais tinham o prestígio de serem de além-túmulo.

Se hoje nós estamos rodeados de Espíritos inferiores, como isso era no tempo de Moisés? Hoje, nós evocamos esses Espíritos com conhecimento de causa, cobertos que estamos do escudo que o Espiritismo nos dá contra sua influência e seus ardis, e, entretanto, frequentemente caímos na obsessão; podia-se razoavelmente não temer toda relação voluntária com os Espíritos, da parte do povo que Moisés dirigia e que não tinha nenhum meio de se esclarecer sobre sua natureza?[1]

> Não se encontrará ninguém entre vós que faça passar pelo fogo seu filho ou sua filha, nem adivinho que se ocupe de adivinhar, nem prognosticador de tempo, nem nenhum que faça predições nem que faça prestígios, nem encantador que use de encan-

[1] A questão da proibição de Moisés de evocar os mortos é completamente tratada e refutada pelo Sr. Allan Kardec, em seu livro de *Céu e Inferno*, capítulo XII.

> tamentos, nem homem que consulte o Espírito de Piton, nem ledor de boa sorte, nem nenhum que interrogue os mortos. (Deuteronômio, XVIII, *v.* 10, 11.)

> Ele mudou, pois, suas vestimentas e se cobriu de outros trajes, e se foi, e dois homens com ele, e vieram, durante a noite, à mulher, e ele lhe disse: "Consulta para mim o Espírito de adivinhação e me suscita aquele que eu te disser".
> E a mulher lhe disse: "Quem eu evocarei?" Saul lhe disse: "Evoca-me Samuel".
> E o rei lhe disse: "Não temas. O que tu viste?" E a mulher disse a Saul: "Vi como um deus que subia da terra". E Samuel disse a Saul: "Por que me perturbaste me evocando?" (I Samuel, XXVIII, *v.* 8, 11, 13, 15.)

A mediunidade, entre os antigos, era mais particularmente vidente, auditiva, extática, e constituía o que se chamava então de profetas. Os profetas, além disso, eram Espíritos em missão, assistidos e inspirados por Espíritos elevados que lhes falavam em nome de Deus, do Eterno; pois, sem isso, eles não teriam encontrado nenhuma confiança nesse povo grosseiro, não mais que entre as gerações que o seguiram. Os falsos profetas eram, ou homens que se davam por tais, como, em nossos dias, indivíduos se dão por médiuns sem o serem, ou médiuns verdadeiros, mas assistidos por Espíritos inferiores e enganadores.

> E Samuel respondeu a Saul e disse: "*Eu sou o Vidente*; sobe antes de mim, ao lugar alto, e vós comereis hoje comigo; e eu te deixarei ir de manhã, e te declararei tudo o que tens sobre o coração". (I Samuel, IX, *v.* 19.)

> Quando, pois, o mau Espírito, enviado de Deus, estava sobre Saul, Davi tomava sua harpa, e a tocava, e Saul era com isso aliviado e se encontrava bem, porque o mau Espírito se retirava dele. (I Samuel, XVI, *v.* 23.)

Sabe-se que Davi orava ordinariamente tocando a harpa. Ora, em nossos dias, não é pela prece que se aliviam e mesmo curam os obsedados? É o meio mais seguro de agir sobre os

Espíritos obsessores. Também as pessoas que possuem essa faculdade medianímica, e delas há muitas, obtêm resultados bem mais satisfatórios tratando os Espíritos obsessores como irmãos, moralizando-os com brandura, testemunhando-lhes a afeição e chamando a misericórdia divina sobre eles, do que aquelas que empregam o exorcismo e as maldições; este último meio não faz senão irritar esses Espíritos infelizes e abandonados, que, em vez de entrar em uma melhor via e de buscar compreender sua posição, riem-se dos exorcistas e se fortalecem em sua perversidade. A prece dá a força ao médium; ela atrai a ele os bons Espíritos, depura os fluidos que lhe são particulares, e o faz respeitar, mesmo pelo Espírito inferior sobre o qual ele quer agir.

> A mão do Eterno veio sobre mim, e o Eterno *me fez sair em Espírito*, e me pôs no meio de uma campina que estava cheia de ossos. (Ezequiel, XXXVII, *v*. 1.)

Esta expressão: *me fez sair em Espírito*, frequentemente empregada na Bíblia, é de uma perfeita exatidão, e corresponde ao que o Espiritismo chama *emancipação da alma ou do Espírito*, isto é, a liberdade momentânea do Espírito que age fora e independentemente dos órgãos materiais.

Em todas as visões, o Espírito encarnado está mais ou menos desprendido do corpo e irradia para fora. Frequentemente mesmo ele plana no espaço, o que tem lugar no sonambulismo lúcido, entre os extáticos, nos sonhos, e mesmo no sono ordinário. Ele age, por seu perispírito, sobre o corpo para fazê-lo falar.[2]

> E Deus deu a esses quatro jovens homens a ciência e o conhecimento em todas as letras, e a sabedoria; e Daniel tinha a inteligência em todas as sortes de visões e nos sonhos divinos. (Daniel, I, *v*. 17.)

> Então o segredo foi revelado a Daniel em uma visão durante a noite, e Daniel bendisse o Deus dos céus. (Daniel, II, *v*. 19.)

> E eu, Daniel, vi sozinho a visão, e os homens que

[2] *Livro dos Espíritos*, liv. II, cap. VIII: Emancipação da alma. – *Livro dos Médiuns*, 2ª parte, cap. VI: Manifestações visuais.

> estavam comigo não a viram; mas um grande terror caiu sobre eles e fugiram para se esconder. (Daniel, X, *v.* 7.)

Zacarias teve numerosas visões e ouvia vozes. Essas visões, na maior parte, eram emblemáticas, e se relacionavam com a história passada dos judeus.

O Novo Testamento nos fornece também exemplos frequentes de mediunidade vidente, sobretudo entre os discípulos de Jesus Cristo.

> Então, Pedro lhe disse: "Não tenho nem prata nem ouro, mas o que tenho, eu te dou em nome de Jesus Cristo de Nazaré: levanta-te e anda". E tendo-o tomado pela mão direita, levantou-o; e no instante as plantas e os tornozelos de seus pés se tornaram firmes; e ele se pôs de pé saltando, andou e entrou com eles no templo, andando, saltando e louvando a Deus. (Atos, III, *v.* de 6 a 8.)

> E o povo estava atento, de um comum acordo, ao que Filipe dizia, escutando-o e vendo os milagres que ele fazia. Pois Espíritos imundos saíam de muitos que estavam possuídos, soltando grandes gritos; e muitos paralíticos e aleijados foram curados. (Atos, VIII, *v.* de 5 a 7.)

A mediunidade curadora existiu de todos os tempos e existirá sempre, pois Deus não cessa jamais de manifestar sua misericórdia àqueles que dela se tornam dignos. Ela existirá sempre e por toda parte onde os males e as misérias de nossa vida terrestre atual a tornarem necessária para o adiantamento dos Espíritos encarnados. Em nossos dias, a mediunidade curadora começa a se propagar cada vez mais; é um progresso, resultado dos efeitos benfazejos produzidos pelo Espiritismo sobre o moral daqueles que o compreenderam. Quanto mais a humanidade progredir, quanto mais ela aprender a crer, a amar e a orar, mais esses dons celestes se difundirão sobre ela.

> Pois a profecia não foi trazida outrora pela vontade humana; mas os santos homens de Deus, sendo impelidos pelo Santo Espírito, falaram. (II Epístola de S. Pedro, I, *v.* 21.)

Esse versículo da Epístola de São Pedro é uma confirmação do que dissemos acima sobre a mediunidade dos profetas.

O Antigo Testamento oferece pouco ou nenhum exemplo de mediunidade curadora; eles são numerosos, ao contrário, no Evangelho e nos Atos dos Apóstolos, porque estava reservado ao Cristo provar por aí seu poder e sua missão divina.[3]

---

[3] A maior parte dos fatos de curas do Evangelho está reportada e explicada pelo Sr. Allan Kardec, em seu livro da *Gênese, os milagres e as predições segundo o Espiritismo*, cap. XV. Um dos exemplos mais notáveis de possessão e de obsessão epidêmicas, como havia entre os judeus no tempo de Jesus, é o fato dos possuídos de Morzines, em Savoia, cujo relato detalhado se encontra na ***Revista Espírita*** do Sr. Allan Kardec, dos anos 1862, 1863 e 1864. Essa publicação contém, além disso, numerosos exemplos de curas de doenças e de obsessões obtidas pela mediunidade curadora.

Evocado pela mulher de Endor, o Espírito de Samuel aparece e fala ao rei Saul. (A. Girardet, gr. n.° 189, 1778, *Bíblia de Ostervald*.)

Davi toca a harpa, aliviando o rei Saul atormentado por um mau Espírito. (A. Girardet, gr. n.° 176, 1778, *Bíblia de Ostervald*.)

A visão de Daniel. (A. Girardet, gr. n.° 309, 1778, *Bíblia de Ostervald*.)

Segunda Parte

Psicologia e moral

Começamos, de propósito, pelas provas materiais, palpáveis, do Espiritismo entre os hebreus. Vamos passar para a parte psicológica, não menos representada nos monumentos que esse povo nos deixou.

Vimos que Moisés proibia seu povo de evocar os mortos: portanto, acreditava-se, em seu tempo, que resta alguma coisa após o homem! Moisés e seus sucessores jamais falaram abertamente da vida futura: eles a pressentiam, entretanto; no tempo dos profetas, essa crença se torna mais clara, e quanto mais se aproxima do Cristo, mais se a vê aparecer. O Cristo, o primeiro, deu-a como verdade e a pregou durante sua missão terrestre.

Tratam-se, é verdade, no Antigo Testamento, como no Novo, das penas eternas, pois era preciso bem assustar esses homens materiais, grosseiros e crueis, em lhes mostrando um Deus vingador e ainda mais cruel que eles. Antes que a inteligência da criança esteja bastante desenvolvida, para se fazer amar por ela, começa-se por se fazer obedecer pelo temor. Mas, ao lado disso, trata-se, a cada página, da misericórdia divina, e Isaías, entre outros, disse: "Pois eu não disputarei para sempre, e não estarei indignado para sempre".

O dogma espírita[1] fundamental, o da reencarnação, esse

[1] "O Espiritismo é, antes de tudo, uma ciência e não se ocupa com questões dogmáticas. (...) Ele repousa, pois, sobre princípios independentes de toda questão dogmática." (Allan Kardec, *O que é o Espiritismo*, cap. I, "Terceiro diálogo – o Padre".) A ***reencarnação*** (*retorno* da alma *à carne*) foi um dogma de vários povos

dogma bendito que explica o homem e justifica Deus,[2] era conhecido dos hebreus.

> Ora, Herodes o tetrarca ouviu falar de tudo o que fazia Jesus, e não sabia o que pensar, porque uns diziam que João ressuscitara dentre os mortos; outros, que Elias voltara; outros ainda, que um dos antigos profetas ressuscitara. (S. Mat., XIV, *v*. 1, 2. – S. Marcos, VI, *v*. 14, 15. – S. Lucas, IX, *v*. 7, 8.)

> E Jesus, tendo chegado ao território de Cesareia de Filipe, perguntou a seus discípulos: "Quem dizem os homens que eu sou, eu, o Filho do homem?" E eles lhe disseram: "Uns dizem que tu és João Batista, outros, Elias, e outros, Jeremias ou um dos profetas". (S. Mat., XVI, *v*. 13, 14. – S. Marcos, VIII, *v*. 27, 28. – S. Lucas, IX, *v*. 18, 19.)

Os profetas falam disso sob diferentes figuras, como se verá adiante.

Quanto às predições dos tempos futuros, são as mesmas que aquelas que o Cristo fez. Ele as confirmou todas.

O Antigo Testamento contém numerosas lições de uma moral muito evangélica, ao lado de ideias de uma grosseira materialidade. O livro da Sabedoria, o Eclesiástico, os Profetas, estão plenos dessa moral. Não nos ocuparemos disto, pois a moral evangélica é conhecida de todo mundo, e foi explicada muitas vezes pelo Espiritismo.[3]

Nosso objetivo é provar que as bases fundamentais do Espiritismo se encontram no Antigo Testamento, e que os Espíritos não nos ensinam nada de novo. Ao contrário, eles nos ex-

---

antigos, ainda que cada um entendesse seu funcionamento e seus critérios de sanção de uma maneira diferente. O Espiritismo, como afirma Kardec, é independente de questões dogmáticas, porque se firma no livre exame da razão e na força dos fatos. O uso da expressão "dogma" se entende, pois, segundo esta explicação: "*Os Espíritos, ensinando o dogma da pluralidade das existências corporais, renovam, portanto, uma doutrina que tomou nascimento nas primeiras idades do mundo* (...); somente, *eles a apresentam sob um ponto de vista mais racional*, mais conforme *às leis progressivas da natureza* e mais em harmonia com a *sabedoria do Criador, despojando-a de todos os acessórios da superstição*." (Allan Kardec, *O Livro dos Espíritos*, questão 222, grifo nosso.). Assim, essa ideia, um "dogma" para os antigos, pode ser considerada atualmente como "espírita", por constituir uma doutrina aceita pelo Espiritismo; mas não da antiga maneira dogmática, ao contrário, tendo sido renovada e passada pelo crivo da razão. (N. T.)

[2] *Os Grandes Mistérios*, por Eugène Nus.

[3] Notadamente no *Evangelho segundo o Espiritismo*, pelo Sr. Allan Kardec.

plicam em palavras compreensíveis tudo o que foi dito, de uma maneira velada, bem antes de Jesus Cristo, explicação que nos foi prometida pelos profetas e, em seguida, pelo Cristo.

O resto virá, o que quer que aconteça, pedimos perdão aos inimigos do Espiritismo. E se somos condenados ao fogo da geena, por nossa falta; se há choro e ranger de dentes, não será eterno. O bom Pai castiga fortemente seus filhos para bem deles, mas perdoa depois; ele lhes proporciona e proporcionará constantemente meios de reparar as faltas cometidas, a fim de que eles cheguem à felicidade suprema, e todos aí chegarão; sem isso, a misericórdia infinita e o amor infinito não existiriam, e, por isso mesmo, ***Deus tampouco existiria!***

Encarnação. A alma, princípio inteligente, em um corpo material.

> Ora, o Eterno Deus formara o homem do pó da terra, e soprara em suas narinas uma respiração de vida, e o homem foi feito alma vivente. (Gênesis, II, *v*. 7.)
>
> Então o Eterno atendeu à voz de Elias, e a alma do menino reentrou nele, e ele recobrou a vida. (I Reis, XVII, *v*. 22.)
>
> O corpo que se corrompe pesa alma, e essa habitação terrestre abate o Espírito, capaz dos mais altos pensamentos. (Sabedoria, IX, *v*. 15.)

É impossível fazer uma definição mais espírita da ação relativa do corpo sobre o Espírito, princípio inteligente que encerra em si uma quantidade infinita de germes inteligentes e latentes. Esse versículo do livro da Sabedoria estabelece também, entre o corpo e o Espírito, uma distinção clara e perfeitamente conforme à doutrina espírita de hoje.

> Pois a alma corrompida perderá aquele em quem ela reside; ela o tornará a alegria de seus inimigos e lhe atrairá a sorte dos ímpios. (Eclesiástico, VI, *v*. 4.)

O Espírito, em se encarnando, traz consigo as qualidades, como os defeitos, cujo conjunto constitui seu grau de adiantamento moral. Se os defeitos predominam sobre as qualidades, isto é, se a alma é corrompida, "os Espíritos inferiores, seus inimigos", com isso se regozijarão, e, atraindo-a às mesmas armadilhas nas quais eles caíram, valer-lhe-ão a mesma punição que eles próprios mereceram.

> ... O Eterno que estendeu os céus e fundou a terra e que formou *o Espírito do homem dentro dele*... (Zacarias, XII, *v*. 1.)

A punição é pessoal; não é eterna. Misericórdia de Deus.

Dissemos acima que, se Deus era representado aos antigos hebreus como um Deus vingador e cruel, era por causa da necessidade absoluta de lhes impor respeito pelo temor, o tempo do amor não sendo vindo para eles.

Entretanto, a ideia da misericórdia na justiça, e da justiça na misericórdia, perpassa por toda parte o Antigo Testamento. Da mesma forma, a ideia tão contrária à justiça divina, de que as crianças suportarão a pena das faltas dos pais, é constantemente desmentida. Na lei mosaica, está dito:

> Não se farão morrer os pais pelos filhos; não se farão tampouco morrer os filhos pelos pais, mas se fará morrer cada um por seu pecado. (Deuteronômio, XXIV, *v.* 16.)

Era um princípio de justiça civil que Moisés dava a seu povo. Podia ele supor que Deus compreendesse a justiça de forma diferente do que ele? E se, como diz a Bíblia, a lei foi ditada a Moisés pelo Eterno, Deus podia ordenar princípios de justiça dos quais ele próprio se afastava? Como os homens são ímpios e ilógicos na ideia que fazem pra si da justiça divina!...

> Entretanto, ele não fez morrer seus filhos; mas fez segundo o que está escrito na lei, no livro de Moisés, no qual o Eterno faz este mandamento, dizendo: "Os pais não morrerão pelos filhos, os filhos

não morrerão pelos pais; mas cada um morrerá por seu pecado". (II Crônicas, XXV, *v*. 4.)

Pois Deus não ameaça como o homem e não entra em furor como o filho do homem. (Judite, VIII, *v*. 16.)

Ele não fica irritado para sempre, e suas ameaças não são inflexíveis. (Salmos, CIII, *v*. 9.)

Onde está então essa cólera inflexível do Deus terrível e vingador?

Tet. O Eterno é bom para com todos, e suas compaixões estão por cima de todas as suas obras.
Samec. O Eterno sustenta todos os que estão perto de cair, e reergue todos os que estão abatidos.
Qof. O Eterno está perto de todos os que o invocam, *de todos os que o invocam em verdade*. (Salmos, CXLV, *v*. 9, 14 e 18.)

A fim de que eles aprendessem que cada um é atormentado por onde pecou. (Sabedoria, XI, *v*. 16.)

Desde que estamos em relação constante com o mundo dos Espíritos, a experiência prova que, após a morte, o Espírito é punido na erraticidade, onde suporta sofrimentos que, o mais frequentemente, são análogos às faltas que os provocaram: o avarento ama o dinheiro e não pode tê-lo, nem mesmo tocá-lo; o guloso ama a boa mesa e não pode comer nem beber, etc.

Dá-se o mesmo na encarnação expiatória, quase sempre escolhida voluntariamente: pois o Espírito, convencido de seus erros, pede, seja para se reencontrar face a face das mesmas tentações às quais sucumbiu, para ter, dessa vez, a ocasião de aí resistir, ou para sofrer o que ele fez sofrer aos outros.

E vinde, e acusai-me, diz o Senhor, se vossos pecados, tão vermelhos quanto o escarlate e o carmesim, não se tornarem como a neve ou a lã mais branca. (Isaías, I, *v*. 18.)

E, entretanto, *o Senhor vos espera para vos fazer misericórdia, e põe sua glória em vos perdoar;* o Senhor é o Deus da justiça; felizes os que esperam nele. (Isaías, XXX, *v*. 18.)

> Eis meu servo, eu o sustentarei; é meu eleito, minha alma pôs nele sua afeição; pus meu Espírito sobre ele; ele exercerá a justiça entre as nações; *ele não quebrará o caniço rachado, e não extinguirá a mecha que fumega ainda;* ele julgará na verdade. (Isaías, XLII, *v*. 1, 3.)

Os últimos versículos que citamos aqui são uma predição da vinda do Cristo, predição que se repete frequentemente sob diferentes formas na Bíblia. O que quer dizer este terceiro versículo: "Ele não quebrará", etc.? Essa figura não é uma afirmação bastante clara da misericórdia de Deus? Sim, ele não acabará de quebrar o caniço, e não extinguirá a mecha que fumega ainda; ao contrário, ele a colocará nas condições desejadas para que possa se reacender, e queimar sempre. De resto, a explicação desse versículo se encontra no Evangelho segundo São Mateus (XII, *v*. de 17 a 20.)

> Sou eu, *sou eu que apago tuas iniquidades pelo amor de mim*, e não me lembrarei mais de teus pecados. (Isaías, XLIII, *v*. 25.)

> Eis: eu vos purifiquei, mas não como a prata; *eu vos depurei no crisol da aflição. É pelo amor de mim, pelo amor de mim que eu o farei*, pois como meu nome seria profanado? E eu não darei minha glória a um outro. (Isaías, XLVIII, *v*. 10, 11.)

Deus purifica suas criaturas no crisol da aflição, quando elas caem na impureza. Pois, ele sendo perfeito, o que ele criou deve chegar à perfeição relativa.

> *Eu escondi minha face por um momento, no tempo da cólera, mas tive compaixão de ti por uma misericórdia eterna*, disse o Senhor eterno, teu Redentor. (Isaías, LIV, *v*. 8.)
>
> Pois *eu não disputarei sempre, e não estarei indignado para sempre*; o Espírito seria acabrunhado por minha presença, e fui eu quem fez as almas.
>
> Eu vi seus caminhos e, todavia, eu o curei; eu o conduzi e lhe prestei minhas consolações, e àqueles dentre eles que choravam. *Eu criei a paz: o fruto de minhas palavras, para aquele que está perto*

> *como para aquele que está longe; eu o curarei*, disse o Senhor. (Isaías, LVII, *v*. 16, 18, 19.)

Eis, certamente, uma negação bem clara das penas eternas, esse dogma ímpio, negação da misericórdia de Deus, que os homens formularam tomando a letra das Escrituras e dos Evangelhos! Como rebaixar Deus ao ponto de lhe atribuir as paixões humanas e a prática da *vendeta?*

> Vai, então, e grita estas palavras ao norte, e dize: Retorna, Israel, a rebelde, diz o Eterno; eu não deixarei cair minha cólera sobre vós, pois sou misericordioso, diz o Eterno; *não vo-la guardarei para sempre*. (Jeremias, III, *v*. 12.)
>
> E acontecerá que, após tê-los arrancado, eu me voltarei a eles, terei compaixão deles e os farei retornar cada um à sua herança e cada um à sua terra. (Jeremias, XII, *v*. 15.)
>
> Pois eu sei que os pensamentos *que tenho por* vós, diz o Eterno, *são pensamentos de paz e não de adversidade, para vos dar um fim tal como* vós esperais. Então vós me invocareis e vos ireis; vós me rogareis e eu vos atenderei; vós me buscareis e me achareis, *depois que tiveres buscado de todo o vosso coração*. (Jeremias, XXIX, *v*. 11 a 13.)
>
> Naqueles dias, não se dirá mais: "Os pais comeram uvas verdes, e os dentes dos filhos ficaram embotados". *Mas cada um morrerá por sua iniquidade; todo homem que comer uvas verdes, seus dentes é que ficarão embotados*. (Jeremias, XXXI, *v*. 29, 30.)
>
> *Kaf. Pois o Senhor não rejeita para sempre*, mas se ele aflige alguém, também lhe tem compaixão segundo a grandeza de suas bondades. (Lamentações de Jeremias, III, *v*. 31, 32.)
>
> Como o pastor visita seu rebanho no dia em que está entre ele, e busca suas ovelhas dispersas, assim eu buscarei minhas ovelhas e as libertarei de todos os lugares onde elas tiverem sido dispersas no dia de nuvens e da obscuridade. (Ezequiel, XXXIV, *v*. 12.)

> E eu não esconderei mais minha face deles, desde que eu tiver derramado meu espírito sobre a casa de Israel, diz o Senhor, o Eterno. (Ezequiel, XXXIX, *v.* 29.)

Dissemos, no começo, que, sob o nome da casa de Israel, era preciso compreender a humanidade inteira; dito de outra forma, todos os Espíritos encarnados e desencarnados. Desde que o Pai celeste os vir suficientemente adiantados para que tenham o espírito de Deus, ele não desviará mais sua face deles.

> Tu, ó meu inimigo! Não te regozijes sobre mim. *Se caí, eu me relevantarei; se estive deitado nas trevas, o Eterno me iluminará.* Trarei a indignação do Eterno, porque pequei contra ele, até que ele defenda minha causa e que me faça justiça; ele me conduzirá à luz, eu verei sua justiça.
>
> Quem é o Deus forte, semelhante a ti, que remove a iniquidade e que passa por cima dos pecados do resto de sua herança? *Ele não mantém para sempre sua cólera*, porque se apraz em fazer misericórdia. (Miqueias, VII, *v.* 8, 9 e 18.)
>
> Pois eu fortalecerei a casa de Judá e preservarei a casa de José, *e os reconduzirei*, e os farei habitar em repouso porque terei compaixão deles; e *eles serão como eram quando eu não os tinha rejeitado*; pois eu sou o Eterno, seu Deus, e os atenderei. (Zacarias, X, *v.* 6.)
>
> Porque é a marca de uma grande misericórdia de Deus para com os pecadores, não deixá-los viver longo tempo segundo seus desejos, mas castigá-los de repente.
> É por isso que ele não retira jamais sua misericórdia de nós, e *quando ele castiga seu povo pela adversidade, não o abandona*. (II Macabeus, VI, *v.* 13, 16.)[1]
>
> Pois nós sofremos por nossos pecados; e se, a fim de nos castigar e de nos corrigir, *o Senhor Deus se irritou por um pouco de tempo contra nós*, todavia, ele se reconciliará de novo com seus servos. (II Macabeus, VII, *v.* 32, 33.)

[1] Corrigimos a referência bíblica da edição original, que informava, por engano, II Macabeus, VII, *v.* 32, 33. (N. T.)

Que vos parece? Se um homem tem cem ovelhas e que haja uma desgarrada, não deixa ele as noventa e nove outras para ir pelas montanhas buscar aquela que se desgarrou? E se acontece que a encontra, eu vos digo, em verdade, que por isso ele tem mais alegria que pelas noventa e nove que não se desgarraram. *Assim, a vontade de vosso Pai que está nos céus é que nenhum desses pequeninos pereça.* (S. Mat., XVIII, *v.* 12, 13, 14. – S. Lucas, XV, *v.* 4, 5, 6, 7.)

E aqueles que tiverem feito boas obras sairão (dos sepulcros) *e ressuscitarão para a vida*, e aqueles que as tiverem feito más *ressuscitarão para a condenação.* (S. João, V, *v.* 29.)

É o que nós vemos todos os dias. Após a morte, os Espíritos são ou felizes, ou infelizes; mas a porta do arrependimento jamais está fechada aos segundos: "pois o Pai, que está nos céus, não quer que nenhuma de suas ovelhas seja perdida".

Então Pedro, tomando a palavra, disse: "Em verdade, reconheço que Deus não leva em conta *a aparência das pessoas*; mas que, em toda nação, aquele que o teme e que se entrega à justiça lhe é agradável". (Atos, X, *v.* 34, 35.)

Assim, cada um de nós prestará contas a Deus *por si mesmo.* (Epístola aos Romanos, XIV, *v.* 12.)

É verdadeiramente espantoso que se tenha podido inventar, sem enrubescer pela blasfêmia que se pronunciava contra a justiça divina, que um Espírito bom pudesse ser punido pelas faltas de um Espírito mau, cada um deles tendo uma individualidade distinta; ou, o que é ainda mais monstruoso, que todos os Espíritos encarnados, que constituem o gênero humano, pudessem ser responsáveis pela falta de um só!

Responde-se a isso: que o Cristo nos deu o meio de apagar o pecado original pelo batismo. Mas quantos homens viveram antes do Cristo! E ainda hoje, apenas a terça parte da humanidade é batizada.

Para aqueles que negam a reencarnação, cada corpo novo tem um Espírito novo criado ao mesmo tempo em que ele; portanto, desde que o mundo existe, teria havido mais Espíritos condenados às penas eternas, pela falta de Adão, do que há grãos de areia sobre a terra! Como fazer concordar essa absurdidade com a história do fim de Elias? E de tantos outros que nós honramos como santos, e que, entretanto, morreram no pecado de Adão?

Poder-se-iam escrever volumes sobre as consequências a que uma só ideia falsamente interpretada deve necessariamente conduzir, e delas resultaria que o Deus de amor, de bondade e de misericórdia infinita seria um louco ou um monstro horrível.

Entretanto, São Paulo, do qual acabamos de citar um versículo, ensinava o Evangelho como o recebeu do próprio Cristo. Pode-se supor que ele não tenha compreendido o Mestre?

> Pois Deus não nos destinou a ser *os objetos de sua cólera*, mas nos destinou à posse da salvação por Nosso Senhor Jesus Cristo. (I Epístola aos Tessalonicenses, V, *v*. 9.)

> Pois haverá uma condenação sem misericórdia sobre aquele que não tiver usado de misericórdia, *mas a misericórdia se eleva por cima da condenação*. (Epístola de S. Tiago, II, *v*. 13.)

O dogma das penas eternas, irremissíveis, é, portanto, desmentido da maneira mais formal, mais explícita, sem ambiguidade, pelo texto mesmo da Bíblia e o do Evangelho.

Sim, haverá uma condenação sem misericórdia para o maldoso, isto é, uma condenação *que ele não poderá evitar*, pois ela é a consequência de suas obras, mas a misericórdia divina se eleva acima da condenação.

Era preciso bem assustar, de uma maneira material, um povo grosseiro, como o eram os antigos hebreus, para deter o mal. O gládio vingador nas mãos de Deus, as chagas de todos os gêneros, os desastres, as infelicidades podiam com dificuldade conter seus maus pendores.

A expressão "*para sempre*" é frequentemente empregada no Antigo Testamento; entretanto, a ideia das penas eternas não somente não está aí nitidamente formulada como o é em nossos dias, mas ela é contrabalançada, como se vê, pelas ideias mais vastas da misericórdia divina.

O Cristo, o primeiro, falou abertamente da vida futura; o primeiro, também, que mostrou as penas e as recompensas alhures que sobre a terra. Mas se ele empregou as figuras: do fogo eterno, da geena, das trevas exteriores e outras, era pelas mesmas razões que expusemos, e também como ensinamento para aqueles que estavam em condições de compreendê-lo.[2]

Não foi senão bem mais tarde que as palavras do Cristo, tomadas à letra, foram formuladas com detalhes novos, e que se consagrou o dogma monstruoso no qual o divino Mestre não pensava, e não podia pensar, ele, Verbo de Deus, ele, expressão do amor divino.

Por demasia de zelo, os primeiros propagadores do cristianismo, não podendo nos elevar a Deus, creram dever fazer descer Deus à humanidade, emprestando-lhe as paixões e as vinganças dos homens. Isso pôde, até certo ponto, ter sua utilidade em um tempo; mas o exagero produz sempre, em longo prazo, um efeito contrário àquele que se propôs obter.

À medida que a inteligência humana saiu das trevas da ignorância e que ensaiou se prestar contas de suas crenças, ela compreendeu que Deus, tal como lhe é pintado, não é Deus. Daí a incredulidade e mesmo o ateísmo. Daí todas as doutrinas panteístas, niilistas, etc., com suas ramificações.

Um escritor filósofo, Eugène Nus, em seus *Grandes Mistérios*, obra notável sob muitos aspectos, embora deixando muito a desejar sob outros, falando das penas e das recompensas, cita uma passagem do pai da teologia católica, Santo Tomás de Aquino: "Os bem-aventurados, sem sair do lugar que ocupam, dele sairão, entretanto, de certa maneira, em virtude de seu dom de inteligência e de vista distinta, a fim de considerar as torturas dos danados; e vendo-as, não somente eles não sentirão nenhuma dor, mas serão cumulados de alegria e renderão graças a Deus por sua própria felicidade assistindo à inefável calamidade dos ímpios". – "Pergunta-se com estupor, diz o autor dos *Grandes Mistérios*, como uma religião de amor e de fraternidade pôde desembocar nessa insensibilidade monstruosa, nesse egoísmo fanático?"; e, em sua indigna-

[2] Ver o tratado das penas eternas, das penas e recompensas futuras segundo o Espiritismo, em *O Céu e o Inferno*, por Allan Kardec, caps. VII e VIII.

ção, exclama: "Deus dos concílios, deixa-me a piedade ou me retira o céu!"

A ideia que nos dá o Espiritismo da justiça divina, do destino das almas, do amor, da caridade, da fraternidade, da permanência desses sentimentos que aumentam em razão da depuração do Espírito, não é mais bela e mais consoladora? Não é bem mais conforme à ideia que fazemos do Criador e da perfeição dos eleitos?

Para acabar esse raciocínio, digamos que, sob as figuras de Satã e de príncipe deste mundo, o Cristo não compreendia uma personalidade distinta, mas o Satã moral, dito de outra forma, a personificação de todos os elementos do mal. Podem-se chamar assim todos os Espíritos perversos, encarnados e desencarnados. É mesmo como isso que os antigos hebreus compreendiam o demônio. Vemos no Eclesiástico (cap. XXI, *v.* 30): "Quando o ímpio maldiz o demônio, o ímpio maldiz sua alma". Portanto, a alma do ímpio é o verdadeiro demônio.

Sabe-se que a palavra ***demônio***, em grego,[3] significa ***Espírito, gênio***. Os Evangelhos tendo sido escritos em grego, é muito simples que essa expressão aí se encontre. Poder-se-ia dizer: bom demônio, mau demônio.

[3] Em grego, é escrita "***daimon***". (N. T.)

A ovelha desgarrada. (A. Girardet, gr. n.º 387, 1778, *Bíblia de Ostervald*.)

Preexistência; reencarnação

Os profetas enunciaram, sob diferentes figuras, o princípio da preexistência e da reencarnação. As passagens seguintes não podem deixar dúvida a esse respeito:

> *Antes que eu te formasse no seio de tua mãe, eu te conheci*; antes que fosses saído de seu seio, eu te santifiquei, eu te estabeleci profeta para as nações. (Jeremias, I, *v*. 5.)
>
> Ora, eu era um jovem bem nascido, e uma boa alma me coube; ou, antes, sendo bom, eu vim em um corpo sem mancha. (Sabedoria, VIII, *v*. 19, 20.)
>
> O homem, uma vez estando morto, *poderia bem reviver de novo?* Nessa guerra em que me encontro todos os dias de minha vida, eu espero que minha mudança aconteça. (Jó, XIV, *v*. 14.)
>
> *Quando o homem chegar ao fim, então ele começará; e quando repousar desse trabalho, estará no estupor*. O que é o homem e o que ele pode? Que bem ou que mal vêm dele? O número dos dias do homem, mesmo os mais longos, é de cem anos, e esses poucos anos são como uma gota de água no mar, como um grão de areia no dia da eternidade. É por isso que o Senhor é paciente para com os homens, e estende sobre eles sua misericórdia. (Eclesiástico, XVIII, *v*. de 6 a 10.)

Está claro que o Eclesiástico não vê no homem senão o Espírito encarnado, pois é dito: "O que é o homem e o que ele pode? Que bem e que mal vêm dele? Quando ele chegar ao fim, começará". Quando o Espírito repousa de seu trabalho (durante seu tempo de erraticidade), ele está no estupor vendo os malfeitos que cometeu, ou as imperfeições de que não se corrigiu.

> A mão do Eterno veio sobre mim, e o Eterno me fez sair em Espírito e me pôs no meio de uma campina que estava cheia de ossos.
>
> Então eu profetizei como me fora mandado; e logo que eu profetizei, fez-se um ruído, depois um tremor, e esses ossos se aproximaram um do outro. E eu olhei e eis: formaram-se nervos sobre eles, e aí cresceu a carne, e a pele aí foi estendida por cima; mas o Espírito não estava aí. Então ele me disse: "Profetiza, e dirigindo-te ao Espírito, tu, filho do homem, e dize ao Espírito: Assim diz o Senhor, o Eterno: 'Espírito, vem dos quatro ventos e sopra sobre esses mortos, e *que eles revivam*'". Eu profetizei, pois, como ele me tinha mandado, e o Espírito entrou neles, *e eles reviveram* e se puseram sobre seus pés, e faziam um muito grande exército.
>
> Então ele me disse: "Filho do homem, esses ossos são toda a casa de Israel. Eis, e eles dizem: Nossos ossos se tornaram secos e nossa esperança está perdida, isso é feito de nós. É por isso que profetizas e dize-lhes: Assim disse o Senhor, o Eterno: 'Meu povo, eis: eu vou abrir vossos sepulcros, e *vos tirarei fora de vossos sepulcros e vos farei reentrar na terra de Israel.*
>
> E eu porei meu espírito em vós, *e vós revivereis, e eu vos porei sobre vossa terra*; e sabereis que eu, que sou o Eterno, terei falado e que o terei feito'", diz o Eterno. (Ezequiel, XXXVII, *v.* 1, de 7 a 12 e 14.)

Essa visão alegórica é explicada pela voz que se fazia ouvir a Ezequiel, em nome do Eterno; para todo espírita, simboliza claramente a reencarnação. É espantoso que aqueles que comentaram os Profetas tenham desfigurado o sentido dessa visão, a ponto de negar um princípio que mesmo os judeus de então compreenderam.

> *E eles retornarão* para se manter assentados, sob sua sombra; farão reviver o trigo; florescerão como uma vinha, e o odor de cada um deles será como o do vinho do Líbano.
> Quem é sábio, que compreenda essas coisas; e quem é prudente, que as conheça; pois as vias do Eterno são retas. Os justos aí andarão, mas os rebeldes aí cairão. (Oseias, XIV, *v.* 7, 9 [8, 10].)

Não sejamos, portanto, rebeldes à voz que nos ensina; sejamos esses sábios e esses prudentes de que fala este último versículo. Além da reencarnação, essas passagens nos dão um outro ensinamento, relativo aos tempos futuros, como se verá mais adiante.

Jonas desobedece às ordens do Senhor e quer fugir dele através dos mares. Uma tempestade é suscitada; lança-se Jonas na água, e a tempestade se apazigua. Mas o Eterno tinha preparado um grande peixe para engolir Jonas, e Jonas demorou no ventre do peixe três dias e três noites. E Jonas fez sua requisição ao Eterno, seu Deus, no ventre do peixe; e disse:

> Eu gritei ao Eterno, por causa de minha aflição, e ele me atendeu; *eu exclamei do ventre do sepulcro, e todos ouviram minha voz.*
> E eu dissera: Sou rejeitado de diante de teus olhos, entretanto, verei ainda o templo de tua santidade...
> Eu descera até as raízes das montanhas; a terra com suas bases estava em torno de mim para sempre; *mas tu fizeste subir novamente minha vida para fora da cova*, ó Eterno, meu Deus!
> Então o Eterno ordenou ao peixe, e ele vomitou Jonas sobre o seco. (Jonas, II, *v.* 3, 5, 7, 11.)

Sabemos muito bem que Deus não faz milagres, no sentido em que essa palavra é geralmente compreendida, pois ele jamais põe de lado as leis uma vez estabelecidas. Tudo o que se faz é natural; o sobrenatural não existe senão para nossas fracas inteligências, que não compreendem as causas de certos fatos e a maneira pela qual eles se produzem. O Espiritismo fez desaparecer muitos milagres de diante de nossos olhos em no-los explicando. Será da mesma forma para os que nós não compreendemos ainda.

Não há, portanto, milagre propriamente dito. A história de Jonas seria um, se essa história fosse verdadeira, pois o fato sairia dos limites da lei ordinária da existência. Supondo que Jonas foi realmente tragado por um peixe, como ele poderia viver três dias sem ar, no estômago, cuja função é digerir e decompor tudo o que aí entra, e mergulhado nos líquidos que o enchem? Se as leis psicológicas nos são ainda desconhecidas, em contrapartida, somos bastante instruídos em fisiologia para negar completamente toda possibilidade de conservação de vida a um ser humano no interior de um estômago qualquer, fosse ele grande como uma sala de jantar.

O episódio de Jonas, não podendo, portanto, ser real, deve ser uma figura, e, como tal, é de um grande ensinamento.

Jonas, Espírito encarnado, é rebelde às ordens de Deus; ele começa por ser exposto a todas as inquietudes, a todas as peripécias de uma travessia tempestuosa; enfim, desaparece aos olhos de seus semelhantes e recebe a punição que mereceu na terra. Ele é lançado nas trevas, aí sofre angústias horríveis. Mas, como o diz ele mesmo: ele gritou ao Senhor, *do ventre do sepulcro onde acreditava estar sepultado para sempre*. Entretanto, Deus, em sua misericórdia infinita, ouviu a voz de seus remorsos, e *fez subir novamente sua vida para fora da cova*. Deus lhe permite voltar sobre a terra e cumprir sua missão junto dos ninivitas, missão que ele não tinha cumprido antes, como o devia.

É assim que nossas faltas conduzem as tempestades da vida, advertência providencial que, ah!, é raro que se saiba aproveitar. Então a punição continua na vida de erraticidade. O Espírito sofre horrivelmente e, frequentemente, acredita estar condenado para sempre. Enfim, ele compreende sua posição; a voz do remorso se faz ouvir, e o Pai de misericórdia, em seu amor infinito por todas as suas criaturas, sem exceção, não permanece jamais surdo àquela voz. O Espírito obtém a permissão de reparar a falta cometida em sua vida terrestre; *ele se reencarna* para recomeçar a prova ou a missão que não realizou em sua existência passada.

Da crença na reencarnação ou na das caldeiras eternas do inferno, qual das duas é a mais conforme ao amor infinito, à misericórdia infinita de Deus?

A alegoria de Jonas e do peixe não é bem mais bela, explicada como uma figura tendo um sentido moral, do que tomada à letra como um milagre que não quer nada dizer?

Os céticos se divertem com a história de Jonas, como com muitas outras, e os próprios fervorosos não ousariam jurar que ela é real. Se ela fosse dada pelo que ela é, isto é, uma alegoria instrutiva, escondendo uma grande verdade espiritual sob uma forma material, ninguém dela riria; admirar-se-iam, ao contrário, como se admiram os apólogos em que se fazem falar as bestas, embora se saibam muito bem que as bestas não falam.

Dá-se o mesmo com a letra que falseou os ensinamentos divinos do Cristo, e que desuniu, dispersou suas ovelhas. O Espiritismo as reconduzirá ao aprisco.

> Eis, eu vou vos enviar Elias, o profeta, antes que o dia grande e temível do Eterno venha. (Malaquias, III, *v*. 23.)[1]

> Mas o Criador do mundo, que fez o homem desde seu nascimento, e que encontrou o começo de todas as coisas, *restituir-vos-á sua misericórdia, a alma e a vida*, porque agora vós desprezais a vós mesmos por causa de suas leis. (II Macabeus, VII, *v*. 23.)[2]

> Pois todos os profetas e a lei profetizaram até João, e se quereis receber o que eu digo, *ele é esse Elias que devia vir*. Que aquele que tem ouvidos para ouvir, ouça. (S. Mat., XI, *v*. de 13 a 15.)

> E seus discípulos o interrogaram, dizendo: "Por que, então, os escribas dizem que é preciso que Elias venha primeiramente?" E Jesus lhes respondeu: "É verdade que Elias devia vir primeiramente e restabelecer todas as coisas. Mas *eu vos digo que Elias já veio*, e eles não o reconheceram, mas lhe fizeram tudo o que quiseram; é assim, também, que eles farão sofrer o Filho do homem". Então os

---

[1] Corrigimos a referência bíblica da edição original, que informava, por engano, "Macabeus, IV, *v*. 5". (N. T.)

[2] Outra correção do original, que trazia "II Macabeus, III, *v*. 24". (N. T.)

discípulos compreenderam *que era de João Batista que ele lhes falara*. (S. Mat., XVII, *v*. de 10 a 13. – S. Marcos, IX, *v*. de 11 a 13.)

Havia um homem dentre os fariseus, chamado Nicodemos, um dos principais judeus. Esse homem veio de noite encontrar Jesus e lhe disse:
"Mestre, sabemos que és um doutor vindo da parte de Deus, pois ninguém poderia fazer esses milagres que tu fazes, se Deus não está com ele". Jesus respondeu: "Em verdade, em verdade, eu te digo que se um homem não nasce de novo, não pode ver o reino de Deus!" Nicodemos lhe disse: "Como um homem pode nascer quando está velho? Pode ele reentrar no ventre de sua mãe e nascer uma segunda vez?" Jesus respondeu: "Em verdade, em verdade, eu te digo que se um homem não nasce de água e de espírito, não pode entrar no reino de Deus. O que é nascido da carne é carne, e o que é nascido do Espírito é Espírito. Não te espantes do que eu te disse: é preciso que vós nasçais de novo. O vento sopra onde quer, e dele tu ouves o ruído; mas não sabes de onde ele vem nem para onde ele vai. Dá-se o mesmo com todo homem que é nascido do Espírito. (S. João, III, *v*. de 1 a 8.)

Para nós que acreditamos na reencarnação, essas palavras de Jesus, ditas a Nicodemos, são claras. Os teólogos compreenderam por: "nascer da água e do Espírito" o renascimento moral pelo batismo. É por isso que, nas traduções católicas, escreveu-se "da água e do Santo Espírito", embora essa expressão não exista no texto hebraico. Mas tem-se esquecido de que entre os antigos hebreus, entre os quais as ciências físicas estavam na infância, a água representava o germe da matéria (é o que nós chamamos hoje: *o fluido universal*), testemunham as palavras do Gênesis, capítulo I, *v*. 2: "E a terra era sem forma e vazia, e as trevas estavam sobre a face do abismo, e *o espírito de Deus se movia sobre as águas*".[3] E ainda, capítulo I, *v*. 6, 7 e 9: "Depois, Deus disse: Que haja uma extensão entre as águas, e *que ela separe as águas das águas*. Deus, então, fez a extensão *e separou*

[3] Em certas traduções da Bíblia é dito: "Ele planava sobre as águas".

as águas que estão abaixo da extensão daquelas que estão acima da extensão; e assim foi". ... "Depois, Deus disse: *Que as águas que estão abaixo dos céus sejam reunidas em um lugar, e que o seco apareça,* e assim foi". Portanto, a água, aqui, representa visivelmente a matéria primeira de que toda a criação material era formada.

Ora, a água representando a matéria, *nascer da água e do Espírito* quer dizer: nascer da matéria e do Espírito. O Cristo, ele mesmo, explica isso a Nicodemos dizendo: "O que é nascido da carne é carne, e o que é nascido do Espírito é Espírito".

No último versículo, Jesus faz alusão à nossa ignorância sobre nosso passado e sobre nosso porvir. Com efeito, até o aparecimento do Espiritismo, que no-lo explica, nós sabíamos de onde viemos, para onde vamos, e por que somos? Jesus o disse, é verdade, mas não foi compreendido, e não se podia compreendê-lo antes do conhecimento das leis reveladas pelo Espiritismo, assim como não se podia compreender o Gênesis antes do conhecimento das leis reveladas pela astronomia, a química, a física e a geologia.

> E Jesus, tendo chegado ao território de Cesareia de Filipe, perguntou a seus discípulos: "Quem dizem os homens que eu sou, eu, o Filho do homem?" E eles lhe responderam: "Uns dizem que tu és João Batista, outros, Elias, e outros, Jeremias ou um dos profetas". Ele lhes disse: "E vós, quem dizeis que eu sou?" Simão Pedro, tomando a palavra, disse: "Tu és o Cristo, Filho do Deus vivo". E Jesus lhe respondeu: "Tu és feliz, Simão, filho de Jona; pois não foram a carne e o sangue que te revelaram isso, mas foi meu Pai que está nos céus". (S. Mat., XVI, *v.* de 13 a 17. – S. Marcos, VIII, *v.* 27, 28. – S. Lucas, IX, *v.* 18, 19.)

Os judeus acreditavam na reencarnação, pois ela lhes tinha sido pregada pelos profetas. Jesus, aos seus olhos, era um homem como eles. Por isso, pergunta ele: "Quem dizem os homens que eu sou, *eu, Filho do homem?*" Como homem, ele podia ser algum grande profeta reencarnado. Simão Pedro compreendeu que a vinda do Cristo era mais que uma simples reencarnação, mas a encarnação de um enviado de Deus, de um Messias.

> Segundo o que está escrito: ***O primeiro homem, Adão***, foi feito com uma alma vivente; mas ***o último Adão é um Espírito vivificante***. Mas o que é espiritual não é o primeiro: e sim o que é animal; e o que é espiritual vem depois. (I Epístola aos Coríntios, XV, *v*. 45, 46.)

A reencarnação é uma consequência absoluta que resulta dessas palavras de São Paulo. Se há um primeiro Adão e um último Adão, entre eles devem se encontrar outros Adões: segundo, terceiro, etc. O último é ***um Espírito vivificante***, pois à força de reencarnações ele é chegado ao estado de Espírito puro, e não tem mais necessidade de se encarnar. É assim que São Paulo tomou o mito de Adão para exemplo da reencarnação. De resto, os sábios hebraístas pretendem que a palavra Adão quer dizer humanidade[4] (o Espírito em sua encarnação primeira sobre a terra). Certos teólogos modernos já aceitaram mesmo a história de Adão como mito; não há, portanto, discussão a esse respeito; quisemos dizer somente que o que se diz de Adão concerne a toda a humanidade terrestre.

[4] Atualmente, diz-nos a ***Bíblia de Jerusalém*** (Paulus, 2002, p. 35, *f*; p. 1.078, *b*), sobre a palavra Adão: "Do hebr. *âdâm*, 'homem', tirado do húmus ('*âdâmâh*')". (N. T.)

A visão de Ezequiel. (A. Girardet, gr. n.º 299, 1778, *Bíblia de Ostervald*.)

Oseias profetiza ao povo de Israel. (A. Girardet, gr. n.º 311, 1778, *Bíblia de Ostervald*.)

Jonas é lançado ao mar e engolido por um grande peixe. Depois, retorna para pregar em Nínive. (A. Girardet, gr. n.ºs 316 e 317, 1778, ***Bíblia de Ostervald***.)

Jesus e Nicodemos. (A. Girardet, gr. n.° 354, 1778, *Bíblia de Ostervald*.)

Vida futura; vida eterna; ressurreição

Toda criatura inteligente aspira a um melhor qualquer. As misérias de nosso mundo dão a ideia de que tudo não é terminado cá em baixo. Os antigos hebreus não se davam muita conta da vida futura, mas eles a pressentiam. Frequentemente, acreditavam que Deus toma seus eleitos com seus corpos; o Cristo, o primeiro, formulou claramente as condições, boas ou más, da vida futura.

Vejamos como se desenvolve essa crença entre os hebreus.

> Assim, Enoque caminhou com Deus e não apareceu mais, porque Deus o tomou. (Gênesis, V, *v*. 24.)
>
> E quando tu aí subires, serás unido aos teus povos, como teu irmão Aarão morreu sobre a montanha de Hor, e foi reunido aos seus povos. (Deuteronômio, XXXII, *v*. 50.)
>
> Mas agora que ele está morto, por que eu jejuaria? Poderia eu fazê-lo voltar ainda? *Eu irei a ele, e ele não virá a mim*. (II Samuel, XII, *v*. 23.)
>
> Pois nós somos filhos dos santos e *esperamos essa vida que Deus dará* aos que não mudam jamais a fé que lhe prometeram. (Tobias, II, *v*. 18.)

Compreendia-se, naqueles tempos, por santo, todo homem criado à imagem de Deus. Mais tarde, diziam-se os santos do paraíso para designar os eleitos; e, enfim, a palavra santo permaneceu para os eleitos somente e conservou essa significação até nossos dias. É o que o Espiritismo chama Espírito puro, Espírito elevado.

> E depois que minha pele tiver sido destruída, eu verei a Deus de minha carne; eu mesmo o verei, e meus olhos o verão e não um outro. Meus rins se consomem dentro de mim. (Jó, XIX, *v*. 26, 27.)

> *Pois tu não abandonarás minha alma no túmulo*; não permitirás que *teu santo* veja a corrupção. Mostraste-me o caminho da vida: *as delícias estão em tua direita pela eternidade*. (Salmos, XVI, *v*. 10, 11.)

É pela primeira que vemos aparecer, na Bíblia, a ideia da eternidade da existência, embora em forma de recompensa somente.

> *Deus tomou assento na assembleia dos deuses*, e, assentado no meio, ele julga os deuses.
> Eu disse que vós sois todos deuses: sois todos os filhos do Altíssimo. (Salmos, LXXXII, *v*. 1 e 6.)

Essas palavras provam de qual importância é não tomar a letra das Escrituras, mas delas buscar o espírito; pois, se estas fossem entendidas em seu sentido literal, poder-se-ia acusar o autor dos Salmos de politeísmo. Os partidários absolutos da letra são, portanto, forçados a rejeitá-la, sob pena de se desmentirem a si mesmos.

A teogonia pagã não fala também da assembleia dos deuses? Vê-se claramente aqui que, por deuses, é preciso entender os Espíritos. Essa acepção sendo dada à palavra *deus*, os pagãos não eram tão absurdos em sua crença como se quer tanto dizê-lo, uma vez que a Bíblia diz a mesma coisa. Eles estavam na verdade ao acreditar na multidão dos deuses, que não é outra que a multidão dos Espíritos. Emprestando aos seus deuses as paixões humanas, eles estavam ainda na verdade, uma vez que nós sabemos hoje, por experiências, que os Espíritos não se desprendem senão em longo prazo dos gostos e das ideias terrestres.

Os filhos dos homens sendo homens, é muito simples que se tenha pensado que os Espíritos, sendo criados por Deus e à sua imagem, fossem pequenos deuses, filhos do Altíssimo, do Deus grande e forte. Os deuses da teogonia pagã não eram outros que os Espíritos mais ou menos elevados, prepostos a tal ou tal função na administração geral do mundo. Sob esse aspecto nós reencontramos ideias espíritas, mesmo entre os pagãos, que tinham noções mais justas que certos cristãos do estado das almas após a morte.

> *Seu Espírito sai, e o homem retorna em sua terra,* e naquele dia, seus desígnios perecem. (Salmos, CXLVI, *v*. 4.)

Dito de outra forma: O homem criado do limo da terra retorna à terra; naquele dia, os desígnios da carne perecem. Mas o Espírito sai e se vai para o lugar de onde veio.

> *As almas dos justos estão na casa de Deus,* e o suplício não os atinge. *Eles pareceram morrer* aos olhos dos insensatos, e seu fim foi estimado uma aflição, e *sua saída do meio de nós*, o aniquilamento; *mas eles estão em paz. E se diante dos homens eles sofreram tormentos, sua esperança é plena de imortalidade*. (Sabedoria, III, *v*. de 1 a 4.)

Um cristão espírita não teria melhor definido a sorte reservada ao justo![1]

> Aquele que apraz a Deus se torna seu bem-amado; vivo, ele é removido do meio dos pecadores; ele foi levado para evitar que o mal mudasse seu Espírito e que a ilusão enganasse sua alma. Pois a fascinação da mentira obscurece os bens, e a inconstância dos desejos extravia o homem sem malícia. *Consumido em poucos dias, ele cumpriu uma longa carreira.* Sua alma era agradável a Deus: foi por isso que ele se apressou em retirá-lo do meio das iniquidades; mas os povos veem e não compreendem; não põem em seu coração esse pensamento. (Sabedoria, IV, *v*. de 10 a 14.)

Que ensinamento nesses versículos, abstração feita da

[1] O livro da *Sabedoria* é admitido pelos protestantes, e rejeitado das Bíblias católicas como apócrifo*. Ele nem por isso contém menos excelentes máximas.
* A informação do autor está invertida; na verdade, o livro da *Sabedoria* é admitido pelos católicos e rejeitado das Bíblias protestantes como apócrifo. (N. T.)

ideia que tinham os hebreus, de que o justo é removido ao céu todo inteiro, em carne e osso! Não é como isso que é preciso compreender a morte prematura de certos indivíduos de uma conduta e de uma virtude irrepreensíveis? "Mas os povos veem e não compreendem", diz o livro da Sabedoria. Não é uma grande misericórdia de Deus essa morte, que nós chamamos prematura, que remove do meio de nós os seres puros, antes que o mal de que estão rodeados os atinja? Não está ali, palavra por palavra, o que ensina o Espiritismo?

O que podem, além disso, significar estas palavras: *Consumido em poucos dias, ele cumpriu uma longa carreira*, se não que aquele que morre prematuramente já viveu longamente?

> Mas os justos viverão para sempre; *perto do Senhor está sua recompensa*, e seu pensamento está perto do Altíssimo. (Sabedoria, V, *v*. 15.)

> Se tu queres guardar os mandamentos e jamais trair a fé jurada, *Deus te conservará para sempre*. Ele pôs diante de ti a água e o fogo: estende a mão para o que quiseres. Diante do homem estão a vida e a morte, o bem e o mal; o que lhe aprazer lhe será dado. (Eclesiástico, XV, *v*. de 15 a 17.)

Aqui, além da promessa da felicidade na vida eterna àqueles que a tiverem merecido, vemos ainda que os antigos compreendiam que sua felicidade dependia de si mesmos, em virtude de seu livre arbítrio, dom precioso que unicamente dá o mérito. "Deus pôs sob nossos olhos a água e o fogo (a matéria e o Espírito), a vida e a morte, o bem e o mal"; cabe a nós escolher um ou o outro. Onde estaria o mérito de ser bom, se o bem fosse imposto e o mal, completamente eliminado? Deus quer amar suas criaturas, e poderia ele amar máquinas que seriam unicamente boas, porque não poderiam ser de outro modo?

> Aqueles que me encontram (o Espírito de sabedoria) terão a vida eterna. (Eclesiástico, XXIV, *v*. 31.)

> No repouso em que ele entrou, deixa repousar a memória daquele que não está mais, e consola-te *de que seu Espírito está separado de seu corpo*. (Eclesiástico, XXXVIII, *v*. 24.)

> *Mas aqueles que tu fizeras morrer viverão*; meu corpo morto se relevantará. Despertai-vos e vos regozijai com canto de triunfo, vós, habitantes da poeira! Pois teu orvalho é como o orvalho que cai sobre as ervas, e a terra lançará para fora os transpassados. (Isaías, XXVI, *v.* 19.)

Os orientais, até o presente, põem a poesia em suas palavras; da mesma forma que o orvalho que cai faz brotar a erva, assim o orvalho moral de Deus, sua misericórdia, faz saírem os mortos de seus túmulos com seus corpos fluídicos.

> Dar-se-á o mesmo com a ressurreição dos mortos. O corpo é semeado corruptível, ressuscitará incorruptível. É semeado desprezível, ressuscitará glorioso; é semeado enfermo, ressuscitará pleno de força; é semeado corpo animal, ressuscitará corpo espiritual; há um corpo animal e há um corpo espiritual. Conforme o que está escrito: O primeiro homem, Adão, foi feito com uma alma vivente, mas o último Adão é um Espírito vivificante. Mas o que é espiritual não é o primeiro: *e sim o que é animal, e o que é espiritual vem depois*.
>
> O primeiro homem, sendo da terra, é terrestre, e o segundo homem, que é o Senhor, é do céu. Tal como é aquele que é terrestre, tais são também os terrestres; e tal como é o celeste, *tais serão também os celestes*. E como nós trouxemos a imagem daquele que é terrestre, *traremos também a imagem do celeste*.
>
> Eis, pois, o que eu digo, meus irmãos, é que a carne e o sangue não podem possuir o reino de Deus, e que a corrupção não possuirá a incorruptibilidade. Eis um mistério que eu vos digo: é que nós não seremos todos mortos, mas seremos todos mudados. (I Epístola aos Coríntios, XV, *v.* de 42 a 51.)

Eis a verdadeira maneira de compreender a ressurreição dos mortos, ressurreição tal como o Espiritismo no-la ensina. "Há um corpo animal, e há um corpo espiritual"; chamamos a este último: *perispírito*, e é com este último que nós ressuscitaremos.

São Paulo compreende pelo primeiro homem, Adão,[2] a imagem do homem terrestre; pelo segundo, o homem celeste: Nosso Senhor Jesus Cristo. "E como, diz ele, nós trouxemos a imagem daquele que é terrestre, traremos também a imagem do celeste". Ele diz ainda: "O primeiro homem, Adão, foi feito com uma alma vivente, mas o último Adão é um Espírito vivificante". É preciso supor que entre o primeiro Adão e o último há ainda um certo número de Adões, de outra forma, São Paulo teria dito: O primeiro e o segundo, em vez de dizer: O primeiro e o último. Portanto, de acordo com o santo apóstolo, Adão, o homem terrestre, após ter sido segundo Adão, terceiro, etc., termina por se tornar "último Adão, que é um Espírito vivificante". Isto é, que após ter passado por uma série de existências, mais ou menos longa, ele termina por se desmaterializar completamente, por se tornar um Espírito vivificante, e por ser a imagem do homem celeste, do divino Messias. É assim que a morte não existe senão para o corpo terrestre; o Espírito é eterno como Aquele que o criou; nós seremos todos transformados, uns mais cedo, outros mais tarde.

Nossos corpos materiais, tais como são hoje, não podem ressuscitar. Após sua morte, eles se decompõem. Talvez eles se decomponham em fluidos dos quais eram formados; talvez ainda certas partes desses fluidos deem nascimento a outros seres; talvez também elas sirvam para reavivar o grande reservatório do fluido universal? Nosso corpo espiritual, nosso perispírito só é para nós; este não nos deixa jamais, mas se depura e se transforma sem cessar.

Enfim, nós vemos a crença na ressurreição se tornar mais positiva e melhor compreendida; até então, faziam-se subir os justos a Deus, para gozar das recompensas que lhes eram reservadas. Quanto aos pecadores, os hebreus, primeiro, faziam descer suas almas com seus corpos para a terra; mais tarde, pressentiam que a alma devia se separar do corpo, mas, seu porvir sendo incerto, disso não se ocupavam. Em geral, vemos que a ideia da vida futura, de sua eternidade, da ressurreição dos mortos, estava na infância, mas já germinava. Seu tempo não viera ainda.

[2] Dissemos mais acima que, na antiga língua hebraica, Adão quer dizer um ser coletivo, a Humanidade.

Cabia ao Cristo falar dela amplamente, e ao Espiritismo, torná-la palpável.

Não citaremos aqui os ensinamentos do Cristo, sobre a vida futura e a ressurreição. Eles são conhecidos de todo mundo e perfeitamente explicados nas obras espíritas que tratam desse assunto.

Prece

Os antigos hebreus oravam muito; sua Bíblia é toda repleta de invocações e de preces dirigidas ao Ser supremo. As Lamentações de Jeremias, os Salmos de Davi, em número de cento e cinquenta, são outras tantas preces, das quais o Cristo nos ensinou o verdadeiro objetivo e a eficácia, dando-lhes por base o amor e a caridade.

Os antigos ofereciam os sacrifícios a Deus, e para isso imolavam animais.

O Cristo introduziu os sacrifícios morais, mandando oferecer a Deus corações puros, penetrados de amor e de caridade, e ele mesmo se deu em holocausto.

O Espiritismo, sob esse aspecto, não teria grande coisa a fazer, se os homens não tivessem falseado os ensinamentos do Mestre, aí acrescentando suas próprias ideias. Ademais, ele nos mostra, de uma maneira palpável, os efeitos da prece, sua dupla força, moral e material, sua eficácia mecânica, se assim se ousa exprimir.

Quando o tempo vier, para nós, de conhecer a teoria e o movimento dos fluidos, a prece entrará nos hábitos, e será contada no número das ocupações diárias e habituais de cada um. Ela se tornará uma necessidade da vida.

> E eu desejei, e o sentimento me foi dado; orei, e o Espírito de sabedoria veio em mim. (Sabedoria, VII, *v*. 7.)

Então vós me invocareis e ireis; vós me rogareis. Eu vos atenderei; vós me buscareis e *me encontrareis, depois que me tiverdes buscado de todo o vosso coração*. (Jeremias, XXIX, *v*. 12, 13.)

E ele disse: Eu gritei ao Eterno por causa de minha aflição, e ele me atendeu; exclamei do ventre do sepulcro, e tu ouviste minha voz. (Jonas, II, *v*. 3.)

E após ter feito uma coleta, ele enviou a Jerusalém doze mil dracmas de prata, a fim de oferecer um sacrifício pelo pecado dos mortos, pensando com sabedoria e piedade na ressurreição. (Pois se ele não tivesse a esperança de que aqueles que sucumbiram deviam ressuscitar, pareceria supérfluo e vão orar pelos mortos.) E ele considerava que *aqueles que adormeceram na piedade tinham uma recompensa preciosa em reserva. Foi, então, um santo e salutar pensamento orar pelos mortos*, a fim de que eles sejam libertados de seus pecados. (II Macabeus, XII, *v*. 43, 46.)

Não é senão no fim do Antigo Testamento que se trata da prece pelos mortos, como meio reparador das faltas que eles puderam cometer. Antes disso, a ideia predominante era que só os justos podiam ressuscitar *para estar com Deus*. Com o progresso da inteligência, devia-se necessariamente chegar a este resultado: se os justos tinham sua recompensa, os que não o eram podiam vir a sê-lo, se, após reparação prévia, suas faltas fossem expiadas e lhes fossem perdoadas.

Pedi e se vos dará, buscai e achareis, batei e se vos abrirá. Pois todo aquele que pede recebe, e quem busca acha; e abre-se àquele que bate. E quem será mesmo o homem dentre vós, que dá uma pedra a seu filho se ele lhe pede pão? E, se ele lhe pede peixe, dar-lhe-á uma serpente? Se, pois, vós, que sois maus, sabeis bem dar a vossos filhos boas coisas, quanto mais vosso Pai, que está nos céus, dará bens àqueles que lhos pedem! (S. Mat., VII, *v*. de 7 a 11. – S. Lucas, XI, *v*. de 9 a 13.)

E tudo o que pedirdes orando, *se credes, vós o recebereis*. (S. Mat., XXI, *v*. 22. – S. Marcos, XI, *v*. 24.)

Para a eficácia da prece, a fé é indispensável. A prece dos lábios, sem convicção profunda na eficácia do ato que se realiza, é vazia; ela morre sobre os lábios mesmos que a pronunciam. Aquela que parte do coração, ao contrário, com uma confiança inabalável em seu efeito, confiança baseada sobre uma fé profunda na grande misericórdia de Deus, é a única que chega ao objetivo para o qual é dirigida.

Em nossos dias, mais o Espiritismo ganha terreno, e mais os efeitos da prece se tornam palpáveis. Há homens que produzem *milagres* aos olhos daqueles que creem nos *milagres*. Por que é assim? Porque essa doutrina, pela simplicidade de sua lógica, explica-nos o alcance das palavras do Cristo, em seu sentido verdadeiro, e nos mostra Deus tão grande em todas as suas perfeições, tão grande em seu amor para com suas criaturas, que a fé vacilante se firma, e a que era forte vem a sê-lo ainda mais. Tudo o que um espírita sincero faz, ele o faz com fé e confiança; ele ora da mesma forma, pois sabe dar a direção desejada à sua prece, durante a qual ele entrevê, em Espírito, Deus derramando com prodigalidade sua misericórdia infinita!

> Jesus lhes disse também esta parábola, para mostrar que é preciso sempre orar e não se descuidar: Havia numa cidade um juiz que não temia a Deus, e que não tinha respeito por ninguém; havia também naquela cidade uma viúva, que vinha frequentemente a ele e que lhe dizia: "Faze-me justiça contra minha parte adversa". Durante longo tempo, ele nada quis fazer. Entretanto, ele disse, enfim, consigo mesmo: "Embora eu não tema a Deus, e não tenha respeito por nenhum homem, no entanto, porque essa viúva me importuna, eu lhe farei justiça, a fim de que ela não venha sempre me aborrecer". E o Senhor disse: Escutai o que disse esse juiz injusto; e Deus não vingará seus eleitos, que clamam a ele, dia e noite, embora adie sua vingança? (S. Lucas, XVIII, *v*. de 1 a 7.)

> E quando chegou, ele lhes disse: Orai, a fim de que não caiais na tentação. (S. Lucas, XXII, *v*. 40.)

> Deus é Espírito, e é preciso que aqueles que o ado-

> rem, adorem-no em Espírito e em verdade. (S. João, IV, *v*. 24.)

Quão poucas pessoas compreenderam essas palavras do Cristo! E, entretanto, essas breves palavras encerram todo um ensinamento sobre a prece. Não são palavras eloquentes de que se precisa para tocar o Pai celeste, mas bem uma elevação de alma a ele, uma comunicação de Espírito a Espírito; um suspiro, um gemido que parta do fundo da alma, mas que seja digno daquele que deve ouvi-lo; pois o Ideal da perfeição não pode ouvir senão o que é bom e equitativo.

> Se alguém não permanece em mim, será lançado fora como o sarmento; ele seca, depois é recolhido e lançado ao fogo e queima. ***Se vós permanecerdes em mim, e minhas palavras permanecerem em vós***, pedi tudo o que quiserdes, e vos será concedido. É nisto que meu Pai será glorificado, ***se trouxerdes muitos frutos, e então, sereis meus discípulos.*** (S. João, XV, *v*. de 6 a 8.)

Não se é discípulo do Cristo, não se é cristão, se não se cumprem seus preceitos. Não é o batismo que faz o cristão, mas a conduta. Conduzir-se como cristão, jamais se desviar dessa via, é orar; está aí a prece mais agradável a Deus. A estes, nada será recusado. Mas, ah!, existem muitos desses verdadeiros cristãos? O Espiritismo os fará.

> Não são os que escutam a lei que são justos diante de Deus, mas são os que observam a lei que serão justificados. (Epístola aos Romanos, II, *v*. 13.)[1]

> Até o presente, nada pedistes em meu nome; pedi e recebereis, a fim de que vossa alegria seja completa. (S. João, XVI, *v*. 24.)

Pedir em nome de Jesus é pedir uma coisa que esteja na regra de conduta que ele prescreveu e que lhe seria agradável.

> Sede alegres na esperança, pacientes na aflição, perseverantes na prece. (Epístola aos Romanos, XII, *v*. 12.)

---

[1] Corrigimos esta referência bíblica, que informava, por engano, "Epístola aos Romanos, XIV, *v*. 12". (N. T.)

Que se alguém de vós carece de sabedoria, que a peça a Deus, que a dá a todos liberalmente, sem nada repreender, e ela lhe será dada. *Mas que a peça com fé, sem hesitar*; pois aquele que hesita é semelhante à onda do mar, que é agitada e impelida cá e lá pelo vento. Que este homem não espere receber nenhuma coisa do Senhor. (Epístola de S. Tiago, I, *v*. de 5 a 7.)

Alguém entre vós sofre? Que ele ore. Alguém está na alegria? Que cante cânticos. Alguém está doente entre vós? Que chame os pastores da Igreja, e que eles orem por ele, e unjam-no com óleo em nome do Senhor. *E a prece feita com fé salvará o doente*, e o Senhor o relevantará, e se ele cometeu pecados, ser-lhe-ão perdoados. (Epístola de S. Tiago, V, *v*. de 13 a 15.)

Instrução para a prece, em II Tessalonicenses, III. (A. Girardet, gr. n.° 436, 1778, *Bíblia de Ostervald*.)

Predições

A vinda do messias; manifestações atuais; Tempos futuros.

As predições da vinda do Messias começam desde o Pentateuco.

> Eu o vejo, mas não agora; olho-o, mas não de perto; uma estrela procedeu de Jacó, e um cetro se elevou de Israel, e ele transpassará os chefes de Moabe, e destruirá todos os filhos de Set. (Números, XXIV, *v*. 17.)
>
> Eu lhes suscitarei um profeta, como tu, dentre seus irmãos, e porei minhas palavras em sua boca, e ele lhes dirá tudo o que eu lhe mandar. E acontecerá todo aquele que não escutar as palavras que ele disser em meu nome, disso eu lhe pedirei contas. (Deuteronômio, XVIII, *v*. 18, 19.)
>
> Acontecerá, pois, quando teus dias forem completados para te ires com teus pais, que eu farei levantar tua posteridade após ti, um de teus filhos, e estabelecerei seu reino. Ele me construirá uma casa, e eu afirmarei seu tronco para sempre. Eu lhe serei pai e ele me será filho; e não retirarei minha misericórdia dele, como a retirei daquele que foi antes de ti, e o estabelecerei em minha casa e em meu reino para sempre, e seu trono será firmado para sempre. (I Crônicas, XVII, *v*. 11 a 14.)

> É por isso que o próprio Senhor vos dará um sinal. Eis: uma virgem estará grávida, e dará à luz um filho, e se chamará seu nome Emanuel. (Isaías, VII, *v*. 14.)
>
> Pois a criança nos nasceu, o Filho nos foi dado, e o império foi posto sobre seu ombro, e se chamará seu nome, o Admirável, o Conselheiro, o Deus forte, o Poderoso, o Pai da eternidade, o Príncipe da paz. (Isaías, IX, *v*. 5.)
>
> Eis meu servo, eu o sustentarei; é meu eleito, minha alma pôs nele sua afeição; coloquei meu Espírito sobre ele; ele exercerá a justiça entre as nações. Ele não se retirará, nem se precipitará, até que tenha estabelecido a justiça sobre a terra, e os seres se deterão à sua lei. (Isaías, XLII, *v*. 1 e 4.)
>
> Ele gozará do trabalho de sua alma, e com isso estará saciado; e meu servo justo com isso justificará a muitos, pelo conhecimento que terão dele, e ele mesmo levará suas iniquidades. (Isaías, LIII, *v*. 11.)
>
> Regozija-te extremamente, filha de Sião; lança gritos de júbilo, filha de Jerusalém! Eis: teu rei virá a ti, justo e salvador humilde, e montado sobre um jumento, e sobre o potro de uma jumenta. E eu suprimirei as carruagens de guerra de Efraim, e os cavalos de Jerusalém, e o arco de combate será também suprimido, e o rei falará de paz às nações; e sua dominação se estenderá desde um mar até o outro mar, e desde o rio até as extremidades da terra. (Zacarias, IX, *v*. 9, 10.)

Citamos as principais predições da vinda do Messias, abstendo-nos de todo comentário, para servir de passagem às predições dos tempos que seguiram o aparecimento do Cristo sobre a Terra, e dos tempos que estão ainda num porvir que nos é desconhecido. A Terra, hoje um dos mundos menos adiantados, progredirá e se tornará um mundo feliz. O mal será dela banido.

O progresso é uma lei de Deus; à medida que a humanidade se aperfeiçoa, o globo que ela ocupa se aperfeiçoa também. Quando a Terra tiver atingido o grau de adiantamento desejado, é então que se fará a separação dos Espíritos dignos de permanecer neste mundo, tornado melhor, daqueles que, tendo permanecido rebeldes a todo progresso moral, dele se irão alhures expiar suas faltas e se encarnar em mundos ainda atrasados. Está aí o julgamento último anunciado, o fim do mundo atual, fim moral, real, de nosso mundo tal como ele é, cheio de miséria e de materialidade.

Então o Cristo virá *em toda a sua majestade*, não mais como homem, para realizar uma obra preparatória, mas em Espírito para acabar a que ele começou.

Já uma era nova se abre para aqueles que querem compreendê-lo; os enviados do Mestre vêm instruir os homens e abrir os olhos àqueles que estavam *nas trevas*; o ensinamento do Cristo, incompreendido em certas partes, torna-se claro, e o Espírito de verdade prometido se manifesta àqueles que o pedem sinceramente; cabe a nós disso aproveitar.

> Sendo repreendidos por mim, convertei-vos. Eis: eu vos comunicarei meu espírito em abundância, e vos farei compreender minhas palavras. (Provérbios, I, *v*. 23.)

> Não é preciso dizer: Que é isto? Que é aquilo? Pois tudo se descobrirá em seu tempo. (Eclesiástico, XXXIX, *v*. 26.)

> Pois o palácio vai ser derrubado, a multidão da cidade vai ser abandonada; os lugares elevados do país e as fortalezas serão outras tantas cavernas, para sempre; será ali que se divertirão os asnos selvagens, e que pastarão os rebanhos, até que o espírito seja derramado do alto sobre nós, e que o deserto se torne um Carmelo, e que Carmelo seja reputado como uma floresta. A equidade habitará no lugar que foi deserto, e a justiça repousará em Carmelo. *A paz será o efeito da justiça, e a lavoura da justiça produzirá o repouso e a segurança a todos*. (Isaías, XXXII, *v*. 14 a 17.)

Um triste quadro de nossa triste morada está no começo desses versículos. Esse estado de coisas deve durar "até que o Espírito seja derramado do alto sobre nós". Ele começa a se manifestar já; de todas as partes, bons Espíritos, agindo sob a inspiração de Espíritos superiores, invadem nossa Terra; infelizes aqueles que não querem recebê-los!

> Pois eu derramarei águas sobre aquele que está sedento, e rios sobre a terra seca; *eu derramarei meu espírito* sobre a posteridade, e minha bênção sobre aqueles que sairão de ti. (Isaías, XLIV, *v.* 3.)

> Não se ouvirá mais falar de violência em teu país, nem de danos, nem de opressão em tuas regiões; mas tu chamarás tuas muralhas salvação, e tuas portas, louvores. Não terás mais o sol para a luz do dia, e o vislumbre da lua não te aclarará mais; mas o Eterno será para ti uma luz eterna, e teu Deus será tua glória. Teu sol não se esconderá mais, e tua lua não se retirará mais; pois o Eterno será para ti uma luz perpétua e os dias de teu luto serão terminados. (Isaías, LX, *v.* de 18 a 20.)

Se os versículos que acabamos de citar são uma predição para os judeus somente, e essa predição não vai além do Cristo, pergunta-se quando ela foi realizada? Mas, tomando-a em espírito e em verdade, compreende-se que se trata do reino de Deus, que nós pedimos a cada dia na oração dominical. Feliz aquele que souber se tornar digno de ser contado no número dos que verão chegar esse reino sobre a Terra!

> Pois eu me farei encontrar por vós, diz o Eterno, e reconduzirei vossos cativos, e vos reunirei de todas as nações, e de todos os lugares para onde eu os terei expulsado, diz o Eterno, e vos farei voltar ao lugar de onde vos terei feito transportar. (Jeremias, XXIX, *v.* 14.)

> Pois assim disse o Eterno. Ouvimos um ruído de espanto e de pavor, e não há paz. Informai-vos, eu vos rogo, e vede se um macho dá à luz. Por que, então, vi todo homem tendo suas mãos sobre seus rins, como uma mulher que dá à luz? E por que todos os rostos estão mudados em palidez? *Ah! Como aquele dia é grande! Não houve semelhante a ele, e será um tempo de angústia para Jacó. Ele, no entanto, disso será libertado.* (Jeremias, XXX, *v.* de 5 a 7.)

É ainda uma alusão ao que se chama fim do mundo e julgamento último, de que foi falado acima.

> Mas está aqui a aliança que eu tratarei com a casa de Israel após aqueles dias, diz o Eterno: *Eu porei minha lei dentro deles, e a escreverei em seus corações*; e eu serei seu Deus, e eles serão meu povo. Cada um deles não ensinará mais seu próximo, nem cada um, seu irmão, dizendo: Conhecei o Eterno, *pois eles me conhecerão todos, desde o menor dentre eles até o maior*, diz o Eterno. Porque eu perdoarei suas iniquidades, e não me lembrarei mais de seu pecado. (Jeremias, XXXI, *v*. 33, 34.)

> E eu os limparei de toda a sua iniquidade, pela qual eles pecaram contra mim; perdoarei todas as suas iniquidades pelas quais pecaram e pelas quais prevaricaram contra mim; o que me trará um renome pleno de alegria, e de louvor e de glória por todas as nações da terra que ouvirem todo o bem que eu vou lhes fazer; e elas estarão assustadas e espantadas com todo o bem e toda a prosperidade que eu vou lhes dar. (Jeremias, XXXIII, *v*. 8, 9.)

Essas promessas, dirigidas a Judá e a Israel, não se referem visivelmente aos tempos futuros, tempos que o Espiritismo nos faz entrever já em um porvir mais ou menos próximo? De outra forma, essas predições teriam sido falsas, pois quando foram elas realizadas?

> Como o pastor procura seu rebanho no dia em que está entre suas ovelhas dispersas, assim eu buscarei minhas ovelhas, e as libertarei de todos os lugares onde elas tiverem sido dispersas no dia de nuvens e da obscuridade. (Ezequiel, XXXIV, *v*. 12.)

> E eu vos darei um novo coração, e porei em vós um espírito novo; e removerei o coração de pedra de vossa carne, e vos darei um coração de carne; e porei meu espírito dentro de vós, e farei com que andeis em meus estatutos, e que guardeis minhas ordenanças e que as pratiqueis. (Ezequiel, XXXVI, *v*. 26, 27.)

O objetivo de toda expiação e de toda reencarnação, pelas quais passa o Espírito, é lhe dar um espírito novo e mudar seu coração de pedra em coração de carne, dito de outra forma, melhorá-lo. Então Deus lhe concede seu espírito, sua ciência, relativamente à faculdade da criatura que não pode jamais igualar o Criador, a fim de que ela ande de acordo com suas leis e as pratique sem delas desviar jamais.

> E não esconderei mais minha face deles, desde que eu tiver derramado meu espírito sobre a casa de Israel, diz o Senhor, o Eterno. (Ezequiel, XXXIX, *v*. 29.)

Vemos já, no mundo, pessoas às quais Deus não recusa suas graças: são as que, após terem aceitado e compreendido os ensinamentos do Senhor, souberam colocá-los em prática e merecer certos favores. O número delas não é ainda grande, mas aumenta a cada dia entre as pessoas de boa vontade.

> A fim de que o reinado e a dominação, e a grandeza dos reinos que estão sob todos os céus, sejam dados ao povo dos santos do Soberano. *Seu reino é um reino eterno*, e todos os impérios lhe serão sujeitados e lhe obedecerão. (Daniel, VII, *v*. 27.)

São os Espíritos elevados que administram os mundos e os reinos dos Espíritos encarnados sob o olho vigilante do Soberano. Todos os outros terminarão por ser fiéis às suas leis.

> E após essas sessenta e duas semanas, o Cristo será suprimido, e não para si; depois, o povo de um condutor que virá destruirá a cidade e o santuário, e o seu fim será com transbordamento, e as desolações que foram determinadas chegarão no fim da guerra. E ele confirmará a aliança com muitos em uma semana; e na metade daquela semana, ele fará cessar os sacrifício e a oblação; depois, por meio de asas abomináveis, que causarão a desolação até a inteira ruína que foi determinada, a desolação desabará sobre o desolado. (Daniel, IX, *v*. 26, 27.)

Está aí uma figura muito obscura, mas cujo sentido agora começa a se desvelar aos nossos olhos. O Cristo será eliminado, não para si, mas sim para aqueles que ele quer salvar. Os homens, não podendo compreendê-lo ainda em espírito e em verdade, deviam abusar de todas as maneiras de sua sublime doutrina. Então virá todo um povo espiritual, sob as ordens de seu condutor, e "*destruirá a cidade e o santuário*", pois será preciso que se termine por compreender e por adorar o Eterno em espírito e em verdade. A guerra começou, ela continuará; e após a guerra, virá a abominação que fará a desolação de que fala o Cristo. (S. Mateus, XXIV, *v.* de 15 a 20. – S. Marcos, XIII, *v.* de 14 a 20. – S. Lucas, XXI, *v.* de 20 a 24.) O julgamento último, o fim de nosso mundo, tal como ele é hoje, a depuração de nosso globo de Espíritos inferiores, enfim, uma transformação física e moral de nosso globo. "*A desolação desabará sobre o desolado*", e a Terra, tornada um lugar de tranquilidade e de felicidade, não será habitada senão por aqueles que dela forem dignos.

> É por isso que eu os suprimi pelos profetas, e os matei pelas palavras de minha boca, *e meus julgamentos sobre eles aparecerão como a luz que se eleva*. (Oseias, VI, *v.* 5.)

Desde que nossos olhos se abrem, não compreendemos toda a grandeza da misericórdia de Deus nas mágoas e nas dores que ele nos envia? Não bendizemos todos os dias o nome d'Aquele que nos castiga para nos salvar? O Espiritismo não fez substituir as queixas e as blasfêmias por ações de graças?

> Eu serei como um orvalho para Israel; ele florirá como os lírios, e lançará suas raízes como as árvores do Líbano. (Oseias, XIV, *v.* 5.)
> *Eles retornarão* para se manter assentados sob sua sombra; farão reviver o trigo; floresceão como uma vinha, e o odor de cada um deles será como o do vinho do Líbano. Efraim dirá: "Que tenho mais a fazer com os falsos deuses?" Eu o atenderei, eu o olharei, serei para ele como um cipreste sempre verde; teu fruto se encontrará em mim. (Oseias, XIV, *v.* 7 e 8.)

> Não temas, terra, alegra-te e te regozija; pois o Eterno fará grandes coisas...

> E acontecerá, após essas coisas, que eu derramarei meu Espírito sobre toda carne, *e vossos filhos e vossas filhas profetizarão, vossos velhos terão sonhos, e vossos jovens terão visões*. E mesmo naqueles dias eu derramarei meu Espírito sobre meus servos e sobre minhas servas; e farei milagres nos céus, e sobre a terra, sangue e fogo e colunas de fumaça. O sol será mudado em trevas e a lua, em sangue, antes que o dia grande e terrível do Eterno venha. (Joel, II, *v*. 21; III, *v*. 1 e 2. – Atos, II, *v*. 17, 20.)

Nós entramos na era predita no começo dessa profecia. Haverá ainda muitas coisas, "antes que o grande dia do Eterno venha!"

> Ele exercerá o julgamento entre muitos povos, e castigará as nações poderosas, até os países mais distantes; e elas forjarão suas espadas em arados e suas alabardas em podadeiras; uma nação não levantará mais a espada contra outra, e elas não se dedicarão mais a fazer a guerra. Mas cada um repousará sob sua vinha e sob sua figueira; e não haverá ninguém que os apavore, pois a boca do Eterno dos exércitos falou. (Miqueias, IV, *v*. 3, 4.)

Alusão à nova vinda do Cristo, e à paz que reinará sobre a Terra quando os homens regenerados viverem segundo a justiça, que é a lei de Deus.

> E ele (o Cristo) se manterá, e governará pela força do Eterno, e com a magnificência do nome do Eterno, seu Deus. E eles voltarão, e agora ele será glorificado até as extremidades da terra, e é ele quem fará a paz. (Miqueias, V, *v*. 3.)

> Eis: isto não vem do Eterno dos exércitos, que os povos trabalhem para saciar o fogo, e que as nações se fatiguem pelo nada? *Mas a terra será repleta do conhecimento da glória do Eterno*, como as águas enchem o mar. (Habacuque, II, *v*. 13, 14.)

O profeta Sofonias faz um quadro da desolação do dia chamado o julgamento último, do dia da separação dos bons dos maldosos que serão expulsos da Terra:

O Eterno justo está no meio dela, ele não faz iniquidade; *cada manhã, ele produz seu julgamento à luz, e aí não falta; mas o injusto não sabe o que é ter vergonha!*
Eu dizia: "Ao menos tu me temerás, tu receberás a instrução"; e sua habitação não teria sido destruída por todas as punições que enviei sobre ela, *mas eles se apressaram em corromper toda a sua conduta.*
E então eu mudarei os lábios dos povos em lábios puros, a fim de que invoquem todos o nome do Eterno para o servirem num mesmo espírito. (Segue a descrição da felicidade futura.) (Sofonias, III, *v.* 5, 7, 9.)

E acontecerá em todo o país, diz o Eterno, que duas partes dele serão suprimidas e perecerão; mas a terceira aí permanecerá de resto. E eu farei passar essa terceira parte pelo fogo, e os refinarei como se refina a prata, e os provarei como se prova o ouro; cada um deles invocará meu nome, e eu o atenderei, e direi: É meu povo, e ele dirá: O Eterno é meu Deus. (Zacarias, XIII, *v.* 8, 9.)

E acontecerá que, naquele dia, a luz não será mesclada de serenidade e de obscuridade. E haverá um só dia conhecido do Eterno; não será nem dia nem noite, mas, ao entardecer, haverá a luz. E acontecerá que, naquele dia, águas vivas sairão de Jerusalém, da qual a metade se derramará pelo mar do oriente, e a outra metade, pelo mar do ocidente; assim será no verão e no inverno. *E o Eterno será rei sobre toda a terra; naquele dia, não haverá senão um só Eterno, e só o seu nome.* (Zacarias, XIV, *v.* de 6 a 9.)

As observações astronômicas, assim como as instruções dos Espíritos, concordam em que o mundo mais feliz de nosso turbilhão planetário é o de Júpiter. Ora, lá, não há jamais nem claridade ofuscante, nem noite completa, nem calor sufocante, nem frio glacial. A duração do dia é igual à da noite que é sempre clara, esse planeta tendo quatro satélites. Não há senão uma só estação de um pólo ao outro, e sempre a mesma;

lá reina um calor brando e igual, isento de ventos e de tempestades, uma primavera perpétua, enfim. Parece que todas as condições de felicidade lá estão reunidas para todos os reinos da natureza, e é o que se poderia chamar paraíso.

Quanto ao moral, o mal lá não existe, pois não há senão Espíritos bons e felizes que nele se encarnam. O amor e a caridade, impelidos ao mais alto grau, animam todos os corações. Nossas misérias, nossas doenças lá não existem igualmente. Uma só religião reina sobre todo o globo; não há sacerdotes, não há fórmulas, mas todos adoram o mesmo Deus, da mesma maneira, em cada um de seus pensamentos, em cada uma de suas ações.

Esse planeta também passou por todas as sortes de transformações, antes de chegar a seu estado atual. E ainda não está ele no fim de sua carreira, uma vez que nos é ensinado que há mundos mais altamente colocados na hierarquia do aperfeiçoamento. Foi por isso que o Cristo disse: "Há muitas moradas na casa de meu Pai". (S. João, XIV, *v*. 2.)

Nós temos ainda de passar por muitas transformações antes de chegar a essa perfeição.[1]

Voltemos ao nosso assunto e vejamos como o Cristo confirma as profecias citadas acima.

> Como, pois, se amontoa o joio, e como se o queima no fogo, será o mesmo no fim do mundo. O Filho do homem enviará seus anjos, que removerão de seu reino todos os escândalos e aqueles que fazem a iniquidade. E eles os lançarão na fornalha ardente; é lá que haverá choro e ranger de dentes. Então os justos luzirão como o sol, no reino de seu Pai. Que aquele que tem ouvidos para ouvir, ouça. (S. Mat., XIII, *v*. de 40 a 43.)

É dessa fornalha ardente do remorso e da expiação que é nascida a invenção do óleo fervente do inferno.

> E esse Evangelho do reino de Deus será pregado por toda a terra para servir de testemunho a todas as nações, e então o fim chegará. Quando, pois, vir-

[1] Para mais detalhes, vede a *Pluralidade dos Mundos Habitados*, por Camille Flammarion, e as comunicações sobre Júpiter na *Revista Espírita* do ano 1858.

> des no lugar santo a abominação que causa a desolação, e da qual o profeta Daniel falou, – que aquele que o lê aí preste atenção –;...
> Pois haverá uma grande aflição, tal que, desde o começo do mundo até o presente, não houve, e a que não haverá jamais semelhante. Que se aqueles dias não fossem abreviados, ninguém escaparia; mas eles serão abreviados por causa dos eleitos.
> Pois, como um relâmpago sai do oriente e se faz ver até o ocidente, será também assim no advento do Filho do homem; pois onde estiver o corpo morto, as águias aí se reunirão. E logo após a aflição daqueles dias, o sol se obscurecerá, a lua não dará sua luz, as estrelas cairão do céu, e os poderes do céu serão abalados. Então o sinal do Filho do homem aparecerá no céu; então também todas as tribos da terra se lamentarão batendo no peito, e verão o Filho do homem vir sobre as nuvens do céu, com um grande poder e uma grande glória. Ele enviará seus anjos com um grande som de trombetas, e eles reunirão seus eleitos dos quatro ventos, desde uma extremidade dos céus até a outra extremidade. Aprendei isto pela similitude da figueira: *Quando seus ramos começam a ficar tenros, e brotam as folhas, vós conheceis que o verão está próximo*. Assim também vós, quando virdes todas essas coisas, sabei que o Filho do homem está próximo e à porta. Eu vos digo, em verdade, que essa geração não passará sem que todas essas coisas aconteçam. O céu e a terra passarão, mas minhas palavras não passarão. (S. Mat., XXIV, *v*. 14, 15, 21, 22 e de 27 a 35. – S. Marcos, XIII, *v*. 10, 14, 19, 20 e de 24 a 31. – S. Lucas, XVII, *v*. de 24 a 37.)

É a confirmação da profecia de Daniel e de outros profetas, que falaram desse grande acontecimento por vir, dizendo que o sol e a lua se obscurecerão e que tudo será abalado. O Cristo quis fazer alusão aos cataclismos pelos quais a Terra deve necessariamente passar para se colocar nas condições físicas desejadas, para a transformação das existências, do clima, da vegetação, etc., em relação com o estado moral dos seres que a habitarão. "Em verdade, essa geração não passará sem que todas essas coisas aconteçam"; é essa mesma geração de Espíritos que viviam sobre nossa Terra em seu tempo, que, à força de expiações, de reencarnações, de depurações, tornar-se-ão dignos de habitar este globo doravante feliz; eles chegarão a um grau de adiantamento moral em relação com o grau de adiantamento físico do globo terrestre.

> Vigiai, então, pois não sabeis nem o dia, nem a hora na qual o Filho do homem virá.
> Ora, quando o Filho do homem vier em sua glória, com todos os santos anjos, então se assentará sobre o trono de sua glória. E todas as nações serão reunidas diante dele, e ele separará uns dos outros, como um pastor separa as ovelhas dos bodes. E colocará as ovelhas à sua direita e os bodes, à sua esquerda. Então o rei dirá aos que estiverem à sua direita: Vinde, vós que sois benditos de meu Pai, possuí em herança o reino *que vos foi preparado desde a criação do mundo*. Pois eu tive fome, e vós me destes de comer; tive sede, e me destes de beber; era estrangeiro e me acolhestes; estava nu, e me vestistes; estava doente, e me visitastes; estava em prisão, e me viestes ver...
> E o rei respondendo lhes dirá: Eu vos digo, em verdade, que enquanto fizestes essas coisas a um desses mais pequenos de meus irmãos, a mim o fizestes. (S. Mat., XXV, *v*. 13, de 31 a 36 e 40.)

> E eis os milagres que acompanharão aqueles que crerem: Eles expulsarão os demônios em meu nome; falarão novas línguas; expulsarão as serpentes; quando beberem alguma beberagem mortal, ela não lhes fará mal; *imporão as mãos sobre os doentes, e eles serão curados*. (S. Marcos, XVI, *v*. 17, 18.)

Todas as sortes de mediunidades sempre existiram, mas o Cristo promete àqueles que têm uma fé firme e uma confiança sem limites em Deus uma força de ação medianímica maior. Com efeito, desde os apóstolos, *a mediunidade curadora, sobretudo, manifestou-se entre os que souberam dela se tornar dignos*. Mas é agora que, pela influência benfazeja do

Espiritismo, a fé aumenta, e que o trabalho moral é maior, que a mediunidade se propaga cada vez mais. Os Espíritos nos prometem que ela se tornará geral com o tempo, pois todos crerão e todos se tornarão melhores. É o resultado inevitável do sacrifício do Gólgota.

> Em verdade, em verdade, eu vos digo: *Aquele que crê em mim fará também as obras eu que faço, e as fará mesmo maiores do que estas*, porque eu vou para meu Pai. E o que quer que vós peçais em meu nome, eu o farei, a fim de que meu Pai seja glorificado pelo Filho. Se pedirdes alguma coisa em nome, eu o farei. Se vós me amais, guardai meus mandamentos. E eu rogarei a meu Pai, que vos dará um outro Consolador, a fim de que permaneça eternamente convosco, a saber: o *Espírito de verdade*, que o mundo não pode receber, porque não o vê e não o conhece; mas vós o conheceis, porque ele permanece convosco e estará em vós. Não vos deixarei órfãos; eu virei a vós. (S. João, XIV, *v*. 12 a 18.)

O Cristo fazia essas promessas a seus discípulos, que então eram em número de setenta e dois. Desde então, esse número aumentou e aumenta sempre; pois todos aqueles que o têm no coração, e que o provam por suas ações, são seus discípulos; ele o disse:

> Eu vos disse essas coisas enquanto estou convosco. Mas o Consolador que é o Santo Espírito, que meu Pai enviará em meu nome, *ensinar-vos-á todas as coisas e vos remeterá à memória todas as que eu vos disse*. (S. João, XIV, *v*. 25, 26.)
>
> Quando o Consolador vier, o qual eu vos enviarei da parte de meu Pai, a saber: o *Espírito de Verdade*, que procede de meu Pai, é ele quem dará testemunho de mim. E vós também, disso dareis testemunho, *porque estais desde o começo comigo*. (S. João, XV, *v*. 26, 27.)

O Cristo diz a seus discípulos: "Porque estais desde o começo comigo". Os discípulos eram, na maior parte, Espíritos encarnados em missão. Muitos dentre eles vêm hoje instruir nosso mundo.

Eu teria ainda muitas coisas a vos dizer; mas elas estão ainda acima de vosso alcance. Mas *quando aquele vier, a saber: o Espírito de Verdade, ele vos conduzirá em toda a verdade, pois não falará por si mesmo*, mas dirá tudo o que tiver ouvido, e vos anunciará as coisas por vir. É ele que me glorificará, porque tomará do que é meu, e vo-lo anunciará. (S. João, XVI, *v*. de 12 a 14.)

Mas, para nós, conduzimo-nos como sendo cidadãos dos céus, de onde esperamos também o Salvador, o Senhor Jesus Cristo, *que transformará nosso corpo vil para torná-lo conforme ao seu corpo glorioso*, pelo poder que ele tem de sujeitar a si todas as coisas. (Epístola aos Filipenses, III, *v*. 20, 21.)

Pois qual é nossa esperança, ou nossa alegria, ou nossa coroa de glória? Não sois vós que o sereis, em presença de Nosso Senhor Jesus Cristo, em seu advento? (I Epístola aos Tessalonicenses, II, *v*. 19.)

Pois nós vos declaramos isto pela palavra do Senhor: é que *nós, que viveremos e que permaneceremos sobre a terra, na vinda do Senhor*, não precederemos os que forem mortos. Pois o próprio Senhor descerá do céu, desde que tiver dado o sinal pela voz de um arcanjo e pela trombeta de Deus; e aqueles que forem mortos em Cristo ressuscitarão primeiramente. (I Epístola aos Tessalonicenses, IV, *v*. 15 e 16.)

Todos esses versículos fazem alusão à vinda futura do Cristo; vinda prometida para o tempo em que nós e nosso planeta estivermos bastante adiantados para recebê-lo.

Os tempos são chegados em que o Criador, em sua misericórdia infinita, quer que nossa humanidade avance. É provável que, tendo passado por tantas misérias, verdades e erros, ela seja julgada suficientemente preparada para compreender o que era obscuro. Espíritos de diferentes graus de elevação fizeram invasão entre nós em quantidades inumeráveis, que eles mesmos comparam a enxames de abelhas. Eles desenvolvem as palavras do Mestre e as aplicam à vida prática; eles tornam palpável o que estava sob forma de figuras; eles nos mostram, enfim, de onde partimos e para onde iremos, indicando-nos o caminho reto e mais curto para chegar à Terra Prometida; cabe a nós não desviar desse caminho, bordado de espinheiros de um lado e de precipícios do outro. Mas esses condutores invisíveis não estendem a mão senão às pessoas de boa vontade, e não se impõem a ninguém. A verdadeira caridade é indulgente; Espíritos como eles, embora acorrentados na matéria, nós temos também nosso livre arbítrio, e eles o respeitam.

É a Sociedade Espírita de Paris que tem tido por missão, parece, dar o impulso e coordenar em doutrina os ensinamentos dos Espíritos que se manifestam por todo o globo terrestre. Por isso, essa Sociedade conta, entre seus guias espirituais, com os nomes mais respeitáveis. Há um Espírito que aí se manifesta sob o nome de Espírito de Verdade! Quem é ele? Respeitemos seu incógnito e curvemos nossas frontes diante de seus ensinamentos, cuja superioridade incontestável jamais se desmentiu.

Falando da Sociedade de Paris como Sociedade mãe, não pretendemos dizer que ela seja a única bem assistida. A prática da caridade, em sua significação mais extensa, sendo a ocupação mais cara aos Espíritos elevados, estes últimos estão sempre felizes de ajudar e de sustentar os que se dirigem a eles com um desejo sincero de aproveitar sua benevolência, e que, por aí mesmo, merecem que deles se ocupem. Mas eles se recusam às experiências dos curiosos, e aos protestos mentirosos, pois eles leem o fundo dos corações e não podem ser enganados. Todas as sociedades, todos os grupos, todos os indivíduos sérios podem contar com os bons Espíritos, mas infelizes dos caráteres levianos e orgulhosos que acreditassem tê-los às suas ordens!

Digamos, terminando, que nosso objetivo principal foi pesquisar, no Antigo Testamento, as provas da existência das ideias espíritas e dos princípios psicológicos que o Espiritismo nos ensina.

Acreditamos ter encontrado essas provas. Com efeito, como dissemos, no começo de nosso trabalho, se o Espiritismo, como ciência e doutrina constituída, é novo, em contrapartida, como princípio, ele é tão velho quanto o mundo, pois o Criador, desde então, não mudou as leis que instituiu para a marcha eterna e progressiva de sua obra. E como Deus não permanece jamais inativo, como, à medida que certos mundos e certos Espíritos terminam sua carreira de aperfeiçoamento, outros a começam, a criação é e será eterna, como o é seu Criador.

Que aqueles, portanto, que pretendem que o Espiritismo é uma nova invenção de espíritos malucos deste século queiram bem ler, pesquisar e estudar antes de se pronunciarem; eles verão que os filósofos de todos os tempos, os representantes de todas as religiões professaram ideias espíritas. Vemos que a própria Bíblia disso nos fornece provas evidentes. Esperemos que outros, mais capazes, queiram bem completar nosso trabalho, tratando de uma maneira mais larga e mais científica o assunto que nós não fizemos senão esboçar.

Quanto à moral espírita que se encontra no Antigo Testamento, nós a possuímos por inteiro e perfeitamente desenvolvida no *Evangelho segundo o Espiritismo*, pelo Sr. Allan Kardec, e em outras obras que tratam do mesmo assunto.

Não citamos dos Evangelhos e dos apóstolos senão algumas passagens que confirmam as profecias bíblicas.

Dizem que o Espiritismo está no ar! Ele sempre esteve, mas disso não se davam conta tão bem como o fazem no presente; o tempo não era vindo. Agora, que nos é dado sentir esse ar que dele está perfumado, não temamos respirá-lo a plenos pulmões, e digamos com confiança: "Nosso Pai que estás nos céus, que teu nome seja santificado, que teu reino chegue!"

Amém.

Zacarias prevê o salvador chegando a Jerusalém montado num jumento. (A. Girardet, gr. n.º 328, 1778, *Bíblia de Ostervald*.)

Visão de Sofonias da destruição futura devida à conduta corrompida do povo. (A. Girardet, gr. n.º 324, 1778, *Bíblia de Ostervald*.)

Morada etérea em Júpiter. (Desenho mediúnico de Victorien Sardou. A *Revista Espírita* de março de 1858 traz um estudo sobre as condições daquele mundo.)

Felicidade dos filhos de Deus, conforme Apocalipse, XXII. (A. Girardet, gr. n.° 466, 1778, *Bíblia de Ostervald*.)

Índice de referências bíblicas

Este índice foi acrescentado pelo tradutor como recurso de consulta e pesquisa, não fazendo parte da obra original. As referências estão na *ordem canônica dos livros bíblicos*. Sob o nome de cada livro bíblico, estão listados os capítulos (em algarismos romanos) e os versículos que constam nesta obra, seguidos, entre parênteses, do(s) **número**(s) da(s) **página**(s) em que se encontram.

NOVO TESTAMENTO

O tradutor, Luiz Gustavo Oliveira dos Santos (Brasília, 1980 –), é formado em Filosofia, especialista em Filosofia Política e mestrando em Filosofia da Religião. Desde 2008, trabalha como professor de Filosofia, atuando presentemente na Secretaria de Educação do Distrito Federal.

No movimento espírita, é palestrante, desde 2004, em casas espíritas do Distrito Federal e monitor de estudos espíritas (ESDE, EPM, EOCE), desde 2008, no Grupo Assistencial Espírita Auta de Souza, na Candangolândia-DF. Também participa de seminários, mesas-redondas e eventos em Semanas Espíritas no DF, como debatedor e expositor de assuntos doutrinários.

Atualmente, dedica-se também à pesquisa e tradução de autores espíritas clássicos, principalmente das obras filosóficas, teológicas e científicas constantes do *Catálogo Racional* de Allan Kardec, indicadas por ele como *complementares* da doutrina, bem como à produção de textos filosóficos e espíritas.

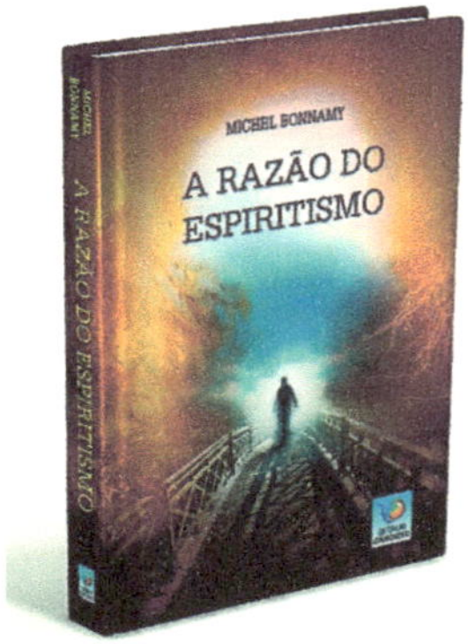

A Razão do Espiritismo

MICHEL BONNAMY

14x21cm, 224 p.

A obra que anunciamos (...) é a primeira publicação deste gênero em que a questão [filosófica] é encarada em todas as suas partes e em toda a sua altura; pode-se, portanto, dizer que ela inaugura uma das fases da existência do Espiritismo. O que a caracteriza é que não é uma adesão banal aos princípios da Doutrina, uma simples profissão de fé, mas uma demonstração rigorosa, onde os próprios adeptos encontrarão percepções novas. (...) É uma defesa em regra onde se reconhece o advogado que quer reduzir a réplica aos seus últimos limites; mas aí se reconhece também aquele que estudou sua causa seriamente e a perscrutou em seus mais minuciosos detalhes. O autor não se limita a emitir sua opinião: ele a motiva e dá a razão de ser de cada coisa; é por isso que, justamente, intitulou seu livro: ***A Razão do Espiritismo***.

Publicando esta obra, sem cobrir sua personalidade com o menor véu, o autor prova que tem a verdadeira coragem de sua opinião, e o exemplo que dá é um título ao reconhecimento de todos os espíritas. O ponto de vista em que ele se colocou é principalmente o das consequências filosóficas, morais e religiosas, as que constituem o objetivo essencial do Espiritismo e dele fazem uma obra humanitária.

A obra de Sr. Bonnamy marcará nos registros do Espiritismo, não somente como primeira em data no seu gênero, mas, sobretudo, por sua importância filosófica. O autor aí examina a Doutrina em si mesma, discute os seus princípios, dos quais tira a quintessência, fazendo abstração completa de todo personalismo, o que exclui qualquer pensamento corporativista.

Allan Kardec
Revista Espírita, novembro de 1867.

O ESPIRITISMO NA BÍBLIA
foi confeccionado em impressão digital, em dezembro de 2024
Conhecimento Editorial Ltda
(19) 3451-5440 — conhecimento@edconhecimento.com.br
Impresso em Luxcream 80g – StoraEnso